Tanja Breukelchen

HAMBURGS STARKE FRAUEN

Tanja Breukelchen

HAMBURGS STARKE FRAUEN

30 Porträts

Droste Verlag

INHALT

**GLÜCKEL
VON HAMELN**

Seite 9

**META
KLOPSTOCK**

Seite 15

**ELISE
REIMARUS**

Seite 21

**AMALIE
SIEVEKING**

Seite 27

**LIDA GUSTAVA
HEYMANN**

Seite 33

**IDA
DEHMEL**

Seite 39

**ANITA
RÉE**

Seite 45

**PAULA
KARPINSKI**

Seite 53

**ERNA
STAHL**

Seite 59

**IDA
EHRE**

Seite 65

**HEIDI
OETINGER**

Seite 71

**MARION
GRÄFIN DÖNHOFF**

Seite 77

**HEIDI
KABEL**

Seite 83

**FELICITAS
KUKUCK**

Seite 89

**LOKI
SCHMIDT**

Seite 95

**SYBIL
GRÄFIN SCHÖNFELDT**
Seite 101

**PEGGY
PARNASS**
Seite 107

**DOROTHEE
SÖLLE**
Seite 113

**HELGA
FEDDERSEN**
Seite 119

**LORE MARIA
PESCHEL-GUTZEIT**
Seite 125

**DOMENICA
NIEHOFF**
Seite 131

**KIRSTEN
BOIE**
Seite 137

**CORNELIA
FUNKE**
Seite 143

**DOROTHEE
VIETH**
Seite 149

**ISABELLA
VÉRTES-SCHÜTTER**
Seite 155

**HEIKE
HEYMANN-RIENAU**
Seite 161

**LINDA
ZERVAKIS**
Seite 167

**JULIA
WÖHLKE**
Seite 173

**NICOLE
LANGOSCH**
Seite 179

**SUSI
KENTIKIAN**
Seite 185

VORWORT

30 Frauen. 30 Momentaufnahmen aus der Geschichte Hamburgs, von 1645 bis in unsere Gegenwart. Und immer wieder die Erkenntnis, dass es in dieser scheinbar so männlich dominierten Stadt oftmals die Frauen waren und sind, die Spuren hinterlassen. Weil sie Geschichte schreiben. Wichtige Impulse geben. Sich für andere einsetzen. Mutig ihre Stimme erheben. An sich glauben. – Weil sie stark sind!

30 Geschichten, von denen es noch so viele mehr gibt. Die Auswahl zu treffen war nicht einfach. Wichtig war mir, nicht nur Frauen aus allen Epochen zu zeigen. Ich wollte auch die Themen, die sie besetzen, so breit wie möglich fächern: Politik, Recht, Wirtschaft, Medien, Soziales, Kunst, Literatur, Musik, Sport …

30 Begegnungen, sowohl in der Recherche über die Vergangenheit als auch im echten Leben. Dabei stand für mich die journalistische Herangehensweise im Vordergrund. Entstanden sind dabei klassische Porträts. So nah wie möglich, so distanziert wie nötig. Bei knapp der Hälfte habe ich die Frauen oder ihre Verwandten und Weggefährten direkt getroffen.

30 Leben, die für sich stehen, bei denen aber immer wieder die gleichen Themen von Bedeutung sind: Bildung, Beruf und das Frauenbild. Bildung war bei fast allen Porträtierten der Schlüssel zu dem, was sie im Leben erreicht haben. Ihr Beruf war immer wieder eine Quelle der Kraft und Inspiration. Und das sich wandelnde und doch nie unverkrampfte Frauenbild war immer wieder ein Grund, aufzustehen, um Rechte zu kämpfen und stark zu sein. Früher zuweilen mehr als heute.

Genau deshalb hat mich die Arbeit an diesem Buch nachdenklich gemacht: Wie viel aus der Vergangenheit hallt nach? Und nutzen wir heute zur Genüge das, was Frauen für uns an Rechten erkämpft haben? Es wäre schön, wenn dieses Buch auch in dieser Hinsicht einen Denkanstoß liefert. Denn dann wäre es mehr als eine Tour durch die Frauengeschichte der Hansestadt.

Tanja Breukelchen

GLÜCKEL VON HAMELN

Unternehmerin
1645 oder 1646–19.09.1724

Hamburger Adressen: Neustadt und Altona
In Hamburg von 1645 bis 1700

Die erste Autobiografin

Wie es wohl ausgesehen haben mag, das Hamburg der Glückel von Hameln? Eine Stadt im Norden. Umgeben von einer mächtigen Festung, deren Zentrum die St.-Nikolai-Kirche ist. Bis zu zehn Meter hohe Erdwälle und 21 sternförmig angelegte Bastionen schmiegen sich darum. Ursprünglich als Schutz gegen Dänemark, das gleich nebenan in Altona beginnt. Hamburg – uneinnehmbar. Und nur durch sechs Stadttore zu verlassen: Millerntor, Dammtor, Steintor, Deichtor, Brooktor und Sandtor. Am Abend, wenn die Glocke mahnt, die Arbeit zu beenden, werden die Tore geschlossen. Dann gehen die Menschen in ihre Häuser. Die Armen in Buden, von denen viele im düsteren, engen Gängeviertel stehen. Die Handwerker und kleinen Händler in Wohnhäuser, zumeist aus Fachwerk gebaut. Und die reichen Kaufleute samt Dienerschaft in schmucke Kaufmannshäuser mit prachtvoll geschwungenen Giebeln, von denen immer mehr in der Altstadt erbaut werden.

Jene Festung ist der Grund, warum Hamburg 1648, am Ende des Dreißigjährigen Krieges – drei Jahre nach Glückels Geburt –, gänzlich unzerstört ist. Eine wachsende, reiche Stadt. Mit mehr als 40.000 Einwohnern zeitweise die größte Deutschlands. Mit Rathaus und Börse. Seit 1677 auch mit dem ersten Kaffeehaus und seit 1678 mit Deutschlands erster Oper. Das Leben pulsiert. So sehr, dass es sogar eine Verordnung gegen übertriebene Kleiderpracht und ausartende Familienfeste gibt.

Ihren Reichtum verdankt die Stadt nicht nur dem Hafen und der 1619 gegründeten Bank. Vor allem Einwanderer bringen den Aufschwung. Knapp ein Viertel der Bevölkerung stammt aus dem Ausland, darunter viele Juden. Einer davon ist Juda Leib, der Vater der Glikl bas Judah Leib – der Glückel von Hameln. Als erfolgreicher Diamanten- und Perlenhändler hat er sich das Niederlassungsrecht erkauft. Seine Tochter wächst in jüdischer Tradition auf. Dazu gehört auch, dass sie im Gegensatz zu den meisten Mädchen ihrer Zeit in den Genuss einer exzellenten Bildung kommt. Und doch ist ihre Kindheit nicht unbeschwert. Denn Juden werden zwar wegen ihres Geldes geduldet, leben in Hamburg aber wie in einem Getto. Müssen hohe Abgaben zahlen. Dürfen ihre Religion und Rituale nicht leben. Als Glückel drei Jahre alt ist, muss ihre Familie eine Zeit lang ins benachbarte Altona übersiedeln, wo der Graf von Pinneberg den Menschen Glaubens- und Zunftfreiheit gewährt. Doch auch während dieser Zeit bleibt Hamburg bevorzugter Handelsplatz ihres Vaters.

Noch ein Kind von gerade einmal zwölf Jahren, wird Glückel mit dem kaum älteren Chaijm ben Joseph aus Hameln verlobt. Zwei Jahre später heiratet sie. Dass eine Ehe damals nicht aus Liebe geschlossen wird, ist nichts Besonderes. Doch in Glückels Fall wird aus einer Pflichtehe Liebe – und eine für das 17. Jahrhundert außergewöhnliche Beziehung. Einen Mann so sanftmütig und geduldig wie ihren teuren Gemahl werde man nicht wieder finden, schreibt sie später. Gemeinsam treffen sie rasch die Entscheidung, aus Chaijms kleinem Hameln in Glückels großes Hamburg zu ziehen. Und gemeinsam bauen sie sich dort ihr eigenes Geschäft auf.

»Ich bin leider vom Himmel auf die Erde geworfen worden. […] Ich habe den lieben Mann dreißig Jahre gehabt, und alles Gute von ihm gehabt, was sich eine ehrliche Frau wünschen mag oder kann, und er hat mich sogar nach seinem Tod wohl bedacht, daß ich wohl in Ehren hätte können sitzen bleiben. Aber was hilft es, was der göttliche Beschluß ist, ist nicht zu ändern.«

Sie handeln mit Gold und Juwelen und knüpfen dabei Beziehungen zu Partnern in vielen Ländern der Welt. Chaijm beteiligt seine Frau an allen Entscheidungen und sieht sie als Partnerin, auch im Unternehmen. Familie und Geschäft verschmelzen. Und das, obwohl Glückel und Chaijm 14 Kinder bekommen, von denen zwölf das Erwachsenenalter erreichen.

Unendlich groß ist Glückels Verzweiflung, als Chaijm 1689 nach fast 30 Ehejahren an den Folgen eines schweren Sturzes stirbt. Sie ist 43 Jahre alt. Und Witwe. Ein Schicksalsschlag, von dem sie sich nie erholt. Und doch entwickelt sie eine unglaubliche Kraft. Die Liebe zu ihrem Mann und ihren Kindern lässt sie weitermachen. Sie setzt die Geschäfte ihres Mannes fort. Weitet seine Handelsbeziehungen aus. Besucht Messen in ganz Europa. Handelt mit Wolle, Seide, Tabak, Zucker, Gold und Juwelen. Unterhält Handelsbeziehungen ins Ausland. Wien, Paris, Amsterdam … Gründet eine eige-

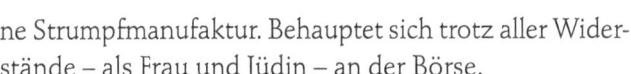

ne Strumpfmanufaktur. Behauptet sich trotz aller Widerstände – als Frau und Jüdin – an der Börse.

Ihre Familie organisiert Glückel wie ein Unternehmen. Die Großen kümmern sich um die Kleinen. Ihr ist die Bildung ihrer Kinder wichtig. Und die Ehen, die sie ihnen arrangiert. Als sie bemerkt, dass ihr Sohn Löb schlecht mit Geld umgehen kann, macht sie ihn zu ihrem Geschäftsführer – denn so hat sie ihn unter Kontrolle.

Ein kluges Leben. Ein rastloses Leben. Und eine starke Frau. Die Jahre seit dem Tod ihres Mannes verarbeitet Glückel in einer Autobiografie, die heute als erste bedeutende Autobiografie einer Frau in Deutschland gilt. Dabei hatte sie das alles eigentlich nur für ihre Kinder und Enkelkinder aufgeschrieben. 300 gedruckte Seiten zwischen 1691 und 1719. Lebenserfahrung, Mahnung, und historisches Zeugnis zugleich. Über ihre erste Geburt: »Ich bin ein junges Kind gewesen und, obschon mir solch ungewohnte Sachen schwer angekommen sind, so bin ich doch höchlich erfreut gewesen, daß mir der Höchste ein hübsches, gesundes Kind gegeben.« – Über ihre Partnerschaft: »Ich schreibe es mir nicht zum Ruhm, daß mein Mann – das Andenken des Gerechten zum Segen – von niemandem einen Rat angenommen hat, als

»*Wie wir nach Hamburg gekommen sind, bin ich stracks schwanger geworden und meine Mutter mit mir zugleich; Gott – er sei gepriesen – hat mir zur rechten Zeit gnädiglich mit einer jungen Tochter geholfen.*«

was wir uns immer zusammen besprochen haben.« – Über den plötzlichen Tod des geliebten Mannes: »So einen lieben Mann und meine Kinder, so einen braven, reinen, frommen Vater zu verlieren und uns wie eine Herde ohne Hirten zu lassen!« – Und über ihr Leben danach: »Im Sommer in der Hitze und im Winter bei Regen und Schnee bin ich auf Messen gefahren ...«

Vielleicht war Glückel am Ende einfach müde. Vielleicht hatte sie nach elf Jahren als Witwe genug vom geschäftlichen Erfolg und sehnte sich nach Ruhe. 1700 heiratet sie den Bankier Cerf Levy und zieht zu ihm nach Metz. Der Sprache nicht kundig und nicht in seine Geschäfte involviert wie einst in ihrer ersten Ehe, muss sie mit ansehen, wie sein Bankrott ihr Vermögen dahinschmelzen lässt. Nach seinem Tod 1712 steht Glückel mit 67 Jahren mittellos da und lebt von da an im Hause ihrer Tochter Esther, die in Metz verheiratet ist. Im Spätsommer 1724 – nach anderer Lesart 1714 – stirbt Glückel. Völlig verarmt.

Quellen:
Die Memoiren der Glückel von Hameln. Aus dem Jüdisch-Deutschen von Bertha Pappenheim. Autorisierte Übertragung nach der Ausgabe von Prof. Dr. David Kaufmann. Wien 1910, S. 63.
Inge Grolle: Die jüdische Kauffrau Glikl (1646–1724). Hamburg 2011.
Irma Hildebrand: Immer gegen den Wind. 18 Hamburger Frauenporträts. München 2003, S. 13 ff.
Eckart Klessmann: Geschichte der Stadt Hamburg. Hamburg 1981.
Claudia Stodte und Peter Fischer: Hamburg entdecken und erleben. Bremen 2008.
Erik Verg: Das Abenteuer das Hamburg heißt. Hamburg 1977.
Glückel von Hameln. Auf www.dasjuedischehamburg.de
Josef Hameln – ein Lebensbild. Auf www.juedische-geschichte-hameln.de

META KLOPSTOCK

Schriftstellerin
16.03.1728–28.11.1758

Hamburger Adresse: Große Reichenstraße (Wohnort)
In Hamburg von 1728 bis 1754 sowie die letzten Monate
vor ihrem Tod

Briefe einer Liebenden

Golden glitzern Sonnenstrahlen durch die Baumkrone. Ein Wind zieht vom Hafen auf. Blätterrauschen. Backsteinmauern. Eine kleine Kirche. Drum herum verteilt verwitterte Grabsteine. Und ein Familiengrab, umzäunt mit einem zierlichen Gitter. Einsam liegt es da. Einst Ort der Liebenden.

Doch keine Zeit für große Gefühle – im 18. Jahrhundert lässt ihnen die Aufklärung zunächst wenig Raum. Erst mit der Empfindsamkeit ab etwa 1740 kommt der Wert von Gefühlen neu zur Sprache. Nicht nur in der Dichtung. Auch Briefe werden anders verfasst. Leicht, federnd. Viele Frauen finden im Briefeschreiben ihr Metier. Kleine Geschichten aus dem Alltag. Briefe, die nicht im stillen Kämmerlein schlummern, sondern vorgelesen werden, in Salons und Zirkeln.

In Hamburg, wo fast 100.000 Menschen leben und man nicht nur nach Frankreich, sondern stets auch nach England blickt, entsteht früh eine neue bürgerliche Kultur. Meta Moller ist Teil davon. Im Frühling 1728 in einer Hamburger Kaufmannsfamilie geboren, wächst sie in einem Umfeld auf, in dem auch Mädchen eine gute Erziehung und Bildung zusteht. Ihr Vater stirbt 1736, ein Jahr später heiratet ihre Mutter den Kaufmann Martin Hulle. Meta lernt. Und liest. Auch Werke auf Italienisch, Französisch, Englisch und Latein. Mit Anfang 20 zieht sie zu ihrer mit einem Kaufmann verheirateten Schwester Elisabeth in die Große Reichenstraße – eine

META KLOPSTOCK

Querverbindung in der Innenstadt, bebaut mit Althamburger Bürgerhäusern, die Wohnen und Arbeiten unter einem Dach ermöglichen.

Obwohl Meta wegen ihrer Bildung gesellschaftliches Ansehen genießt, will sie nicht als »gelehrtes Frauenzimmer« gelten. Sie backt, kocht und widmet sich dem Haushalt. Und doch versinkt die tiefgläubige junge Frau in Schwärmerei, besonders wenn sie die Werke Friedrich Gottlieb Klopstocks liest. Seit 1748 seine ersten drei Gesänge des Messias veröffentlicht wurden, will Meta den Dichter unbedingt treffen. Auch die Gedichte, die er über seine unerfüllte Liebe zu seiner abweisenden Cousine Fanny schreibt, rühren Meta zutiefst. Und so überredet ein gemeinsamer Freund, der Theologe Nikolaus Dietrich Giseke, den Dichter 1751 zu einem Besuch bei Meta. Denn Klopstock, der in Langensalza eine Anstellung als Hauslehrer hat, ist sowieso auf der Durchreise nach Kopenhagen, wo ihm der dänische König Friedrich seine Unterstützung bei der Vollendung des Messias zugesagt hat.

Als Meta erfährt, dass Klopstock vor ihrer Tür steht, will sie ihn sofort empfangen: »Ich steckte geschwinde geschwinde die Haare nur so viel zurück, als nötig war, um sie mir nicht in die Augen hängen zu lassen, werfe ein Negligé über, und weil ich nicht Zeit hatte, es recht zu recht zu stecken; so schlage ich ein grosses grosses Tuch darüber«, schreibt sie später an Giseke.

Ungestüm wie ein Kind und überglücklich läuft sie in den Salon. Endlich steht sie vor Klopstock: »Ich hatte schon so viele Fremde gesehen, aber niemals hatte ich ein solches Schrecken, einen solchen Schauer (ich weiß nicht wie ich mich ausdrücken soll) empfunden.

»Wir kamen nach und nach so weit, daß er mir seine ganze Geschichte erzählte. Ich empfand so viel dabey, daß ichs gar nicht ausdrücken kann. Ich muste auch einmal hinausgehen. Ich nahm das alles für freundschaftlichen Antheil, aber nachdem ich recht darauf Acht gegeben; so habe ich gefunden, daß mein Gefühl mehr der Eifersucht als der Freundschaft ähnlich war.«

Ich hatte gar nicht die Meynung, daß ein ernsthafter Dichter finster und mürrisch aussehen, schlecht gekleidet seyn, und keine Manieren haben müsse; aber ich stellte mir doch auch nicht vor daß der Verfass: des Mess: so süß aussähe, und so bis zur Vollkommenheit schön wäre.«

Gemeinsam lesen sie aus seinem Werk: „Ich fieng an zu lesen, konnte aber nicht fortfahren, weil ich einen zu starken Fluß auf den Augen hatte. Kl las. Er hielt meine eine Hand, das Herz schlug mir gewaltig, unsere Hände wurden immer heisser, immer heisser, ich fühlte sehr viel und, ich glaube, Kl. auch.« Doch da ist auch sein Leiden, sein Liebeskummer wegen Fanny. Klopstock reist weiter nach Kopenhagen – und eine tiefe Brieffreundschaft entsteht. Briefe, aus denen wachsende Liebe, aber auch Frömmigkeit und Großherzigkeit zu lesen sind, mit der Meta ihn für seinen Liebeskummer über Fanny zu trösten versucht. Klopstock war es

META KLOPSTOCK

»nicht bewusst, wie sehr er sich sehnte, auf die Erde zurückgeholt, verstanden und geliebt zu werden. Da begegnete er Meta«, erklärt es der Germanist Erich Trunz. »Wie schwer hat er es ihr gemacht, ohne es selbst zu wissen! (…) Doch Metas sicheres Gefühl half über alles hinweg. Von der Verlobung an ist der Briefwechsel ein Dokument des Glücks.«

Durch Meta lernt Klopstock, dass Liebe mehr ist als ein überhöhtes Ideal. Endlich verbinden sich Alltag und Gefühlswelt. Was entsteht, ist tief und unerschütterlich. 1752 verloben sie sich. Als Metas Stiefvater der Verbindung kritisch gegenübersteht, setzt sie sich durch, gibt Klopstock im Juni 1754 in der Hamburger St.-Petri-Kirche das Jawort und zieht mit ihm in das Dorf Lyngby nach Dänemark.

Metas Briefe sind zahlreich und einzigartig in Dichte und Tiefe. »Du weist, ich habe immer gewünscht, die Nachbleibende zu seyn, weil ich wohl weiß, daß dieß das schwerste ist. Doch vielleicht will Gott, daß du es seyn sollst, und vielleicht hast du mehr Kräfte«, schreibt sie im September 1758. Eine Todesahnung, womöglich. Nach zwei Fehlgeburten hatte das Paar in Metas dritter Schwangerschaft entschieden, dass Klopstock alleine zurück nach Dänemark reist und sie bei ihrer Schwester in Hamburg bleibt. Wenige Tage nach

»Komm Klopstock, komm daß ich dich umarme, daß ich dich recht heiß küße, und dich dann nicht wieder von meinen Lippen und aus meinen Armen laße.«

»Was muß die Ewigkeit syn, von der wir so wenig wissen, und unsre Seele so viel fühlt! Mehr als ein Leben mit Klopstock!«

diesem Brief eilt Klopstock zu ihr. Ihre letzten zwei Monate. Am 28. November stirbt Meta nach der Niederkunft. Ihr tot geborener Sohn und sie werden vor der Christianskirche in Ottensen bestattet, wo 45 Jahre später auch Klopstock und dann seine zweite Frau Johanna Elisabeth, eine Nichte Metas, ihre letzte Ruhe finden.

Bis ins 19. Jahrhundert ist das Grab Wallfahrtsort für Verliebte. »Erwartet da, wo der Tod nicht ist, ihren Freund, ihren Geliebten, ihren Mann, den sie so sehr liebt und von dem sie so geliebt wird, aber hier aus diesem Grabe wollen wir miteinander auferstehen. Du, mein Klopstock, und ich und unser Sohn, den ich dir nicht gebären konnte« steht auf dem verwitterten Grabstein unter einer alten Eiche. Ein Wind zieht vom Hafen auf. Golden glitzern Sonnenstrahlen durch die Baumkrone.

Quellen:
Die Sprache der Freundschaft und Liebe. Meta Klopstock, geb. Moller, in ihren Briefen. In: Erich Trunz: Weltbild und Dichtung im Zeitalter Goethes. Acht Studien. Weimar 1993, S. 40 ff.
Hiltrud Gnüg und Renate Möhrmann (Hrsg.): Frauen Literatur Geschichte. Schreibende Frauen vom Mittelalter bis zur Gegenwart. Stuttgart 1999.
Franziska und Hermann Tiemann (Hrsg.): Es sind wunderliche Dinge, meine Briefe. Meta Klopstocks Briefwechsel mit Friedrich Gottlieb Klopstock und mit ihren Freunden 1751–1758. München 1980.

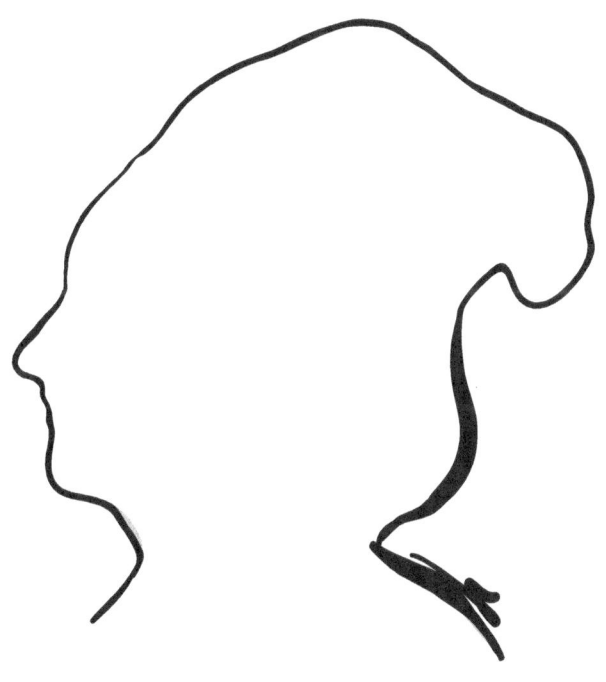

ELISE REIMARUS

Salonnière
22.01.1735–02.09.1805

*Hamburger Adressen: Am Plan (heute Rathausmarkt), Fuhlentwiete
(heute Stadthausbrücke)*
In Hamburg von 1735 bis 1805

Der Tee der Aufklärung

Zwei Schattenrisse. Mehr gibt es nicht vom Gesicht der Elise Reimarus. Ob sie so uneitel war, dass sie keine Porträts von sich anfertigen ließ? Oder ob sie sich gar für unansehnlich hielt? »Elise ist vielleicht nicht ganz hässlich, doch ist sie auch nichts weniger als schön«, beschreibt sie sich einmal in der dritten Person und vergleicht sich mit ihrer attraktiven Schwester Hanna Maria. Zu spekulieren, wie sie ausgesehen haben mag, diese im Januar 1735 geborene Margaretha Elisabeth Reimarus, ist müßig. Denn nicht wegen ihres Äußeren wird sie in die Geschichte eingehen, sondern wegen ihres glasklaren Verstandes. Elise gilt als eine der gebildetsten, aufgeklärtesten und bestvernetzten Frauen ihrer Zeit – einer Zeit der Aufklärung, einem Europa der Revolution und einem Hamburg großer Geister mit Namen wie Matthias Claudius, Gotthold Ephraim Lessing oder Friedrich Gottlieb Klopstock.

Ihr Vater, der Theologe Hermann Samuel Reimarus (1694–1768), ist Professor am Akademischen Gymnasium und Kenner der orientalischen Sprachen. Von den sieben Kindern, die er und seine Frau Johanna Friederike (1707–1783) bekommen, erreichen nur drei das Erwachsenenalter: Elise, ihre fünf Jahre jüngere Schwester und ihr sechs Jahre älterer Bruder, der spätere Arzt und Gelehrte Johann Albrecht Hinrich Reimarus (1729–1814). Die Erziehung obliegt dem Vater, der in seinen Kindern kleine Persönlichkeiten sieht, die er mit Liebe fördert:

frei, reformpädagogisch, im Sinne der Aufklärung und mit exzellenten Hauslehrern.

Elise entscheidet sich bewusst gegen die Ehe. Womöglich auch, weil sie nie ganz sicher sein kann, ob sie nicht nur ihres guten Namens wegen erwählt wird. Denn die Reimarus gelten als eine der ersten Familien Hamburgs, bestimmen das Geistesleben der Stadt und sind weit über deren Grenzen hinaus bekannt. So lebt Elise von 1754 bis 1783 mit im großen Bürgerhaus der Eltern Am Plan. Dort trifft sich, was Rang und Namen hat. Und wer zufällig in Hamburg auf der Durchreise ist, nutzt die Gelegenheit, den Reimarus-Kreis zu besuchen. In einer Zeit ohne Funk und Fernsehen, ohne Zeitungsdichte und soziale Medien der ideale Ort, sich nicht nur mit äußerst klugen Gesprächspartnern auszutauschen, sondern auch alles über die neuesten Publikationen aus Wissenschaft, Kultur und Politik zu erfahren.

Wohl aus diesen Treffen entsteht 1765 die »Hamburger Gesellschaft zur Beförderung der Manufacturen, Künste und nützlichen Gewerbe«, die schon bald – und bis heute – die »Patriotische Gesellschaft« genannt wird. Doch die steht damals nur Männern offen. Elise Reimarus findet ihre Wirkungsstätte also weiterhin im Haus Am Plan, wo sie, obwohl Kinderliteratur in der Zeit noch kein großes Thema ist, Geschichten und kleine Bühnenstücke für Kinder schreibt, die der Schriftsteller und Pädagoge Joachim Heinrich Campe später in seine »Kleine Kinderbibliothek« aufnimmt. Später wird Elise auch literarische Werke ins Deutsche übersetzen und als Lehrerin im angesehenen Bildungsinstitut ihrer Freundin Caroline Rudolphi, dem »Erziehungsinstitut für junge Demoiselles«, unterrichten.

»Es ist, allgemein betrachtet, vielleicht kein Stand glücklicher als der Stand eines unverheyrateten Frauenzimmers, und ganz gewiss keiner so unglücklich als derjenige einer Frauensperson die eine schlechte Heyrat trifft.«

Eigene Kinder wird sie nie haben, doch ein tragisches Schicksal macht sie beinahe zur Mutter. Denn als Johann Albrecht Hinrichs erste Ehefrau Johanna Maria mit Mitte 20 kurz nach der Geburt des dritten Kindes stirbt und auch der Säugling nicht überlebt, nimmt Elise seine beiden Kinder, ihren dreijährigen Neffen Hermann Dietrich und seine ein Jahr jüngere Schwester Johanna Margaretha, Hannchen genannt, 1762 bei sich auf. Später wird Hannchen den Hamburger Kaufmann Georg Heinrich Sieveking heiraten und – genau wie die Tante – eine aufgeklärte Frau der Hamburger Gesellschaft sein.

Elise ist den Kindern ihres Bruders auch dann noch nah, als Johann Albrecht Hinrich, der vorerst nicht mit im Haus Am Plan wohnt, 1770 mit Christina Sophia Louise Reimarus (1742–1817) eine neue Ehe eingeht. Das Zusammentreffen mit der jungen, ebenfalls hoch gebildeten Frau, verdankt der junge Arzt der Tatsache, dass er in Hamburg die Pockenimpfung eingeführt hat – und Sophie sich bei ihm impfen lassen will. Von da an wohnen alle Generationen unter einem Dach. Da seit dem Tod von Hermann Samuel Reimarus 1768 die Treffen eher in der »Patriotischen Gesellschaft« stattfinden, beleben Sophie und Elise die Tradition neu – und laden zum Tee.

ELISE REIMARUS

Dieser Teetisch, bei dem es nur Tee und Butterbrote gibt, wird zum Zentrum der Aufklärung. Da treffen sich Sozialreformer wie Caspar Voght, Kaufleute wie Friedrich Heinrich Jacobi oder Philosophen wie Moses Mendelssohn. Es sind keine regelmäßig angesetzten Treffen, es ist ein offenes Haus. Der Tee kocht ununterbrochen. Die Türen stehen offen. Frauen wie Männern. Und Sophie und Elise agieren absolut eigenständig. So ist Elise eng befreundet mit Moses Mendelssohn und vor allem: mit Gotthold Ephraim Lessing.

Zuerst steht sie ihm zurückhaltend gegenüber, doch nach einem Treffen 1776 ist sie von ihm und seinem Werk überzeugt. Zwei Jahre später, etwa ein halbes Jahr, nachdem seine Frau Eva und ihr Baby im Kindbett gestorben sind, beginnt eine Brieffreundschaft zwischen Elise und Lessing. Und als Lessing seinen »Nathan der Weise« schreibt, ist sie es, die seine Manuskripte liest, ihn beeinflusst und für ihn vermittelt. Sie stützt ihn in Krisen, tröstet ihn in seiner Melancholie und begleitet den »Nathan« im festen Wissen, dass dort ein großes Werk der Aufklärung entsteht.

Als 1783 Elises Mutter stirbt, verlagert sich der Teetisch. Während Sophie und Johann Albrecht Hinrich in die Neustadt übersiedeln und ein Haus in der Fuhlen-

> »*Tausend Gotteslohn für Ihren* ›Nathan‹, *lieber Lessing! Lange, lange muss kein Trunk Wassers in einer dürren Sandwüste so verschluckt worden sein, so gelabt haben als dieser uns.*«

twiete bewohnen, zieht Elise mit einem eigenen Hausstand in die gleiche Straße. Dort hält sie den Teetisch am Leben, nun jedoch wegen des beengten Raumes im kleinen Kreise. Ihre Nichte Johanna, die mit Georg Heinrich Sieveking zuerst ein Gartenhaus im ländlichen Harvestehude mietet und später ein Landhaus in Neumühlen kauft, führt die Treffen ebenfalls fort, zumeist mit großen Abendessen.

Elise Reimarus stirbt im Spätsommer 1805 in ihrer Wohnung. Ihr Bruder vermeldet dies in der Zeitung, was in der damaligen Zeit für eine Frau nicht üblich war. Und genau wie sie es sich gewünscht hat, bestattete er sie anonym. Angeblich unter einer Steinplatte unter der später zerstörten Petrikirche.

Quellen:
Gerhard Alexander: Johann Albert Hinrich Reimarus und Elise Reimarus in ihren Beziehungen zu Lessing. In: Günter Schulz (Hrsg.): Lessing und der Kreis seiner Freunde. Heidelberg 1985, S. 122 ff.
Thomas Bleitner: Hamburgerinnen, die lesen, sind gefährlich. München 2013, S. 28 ff.
Brita Reimers: Datenbank der Frauenbiografien. Hamburg.
Almut Spalding: Die Haushaltsbücher der Familie Reimarus als Zeugen ihrer Beziehung zur Bildungselite, zu Bediensteten und Dienstleistenden. In: Johann Anselm Steiger, Sandra Richter (Hrsg.): Hamburg. Eine Metropolregion zwischen Früher Neuzeit und Aufklärung. Berlin 2012, S. 291 ff.
Almut Spalding: Aufklärung am Teetisch. Die Frauen des Hauses Reimarus und ihr Salon. In: Peter Albrecht, Hans Erich Bödeker und Ernst Hinrichs (Hrsg.): Formen der Geselligkeit in Nordwestdeutschland 1750–1820 (Wolfenbütteler Studien zur Aufklärung, Band 27). Tübingen 2003.
Almut Spalding: Elise Reimarus. The Muse of Hamburg. A Woman of the German Enlightenment. Würzburg 2005.
Brigitte Tolkemitt: Knotenpunkte im Beziehungsnetz der Gebildeten. Die gemischte Gesellschaft in den offenen Häusern der Hamburger Familien Sieveking und Reimarus. In: Ordnung, Politik und Gesellschaft der Geschlechter im 18. Jahrhundert. Göttingen 1998, S. 167 ff.
Christine von Müller: Elise Reimarus. Kultur und weibliche Kommunikation im 18. Jahrhundert in Hamburg. Vortrag, gehalten am 07.10.2015 im Heinehaus e. V.

AMALIE SIEVEKING

Philanthropin
25.07.1794–01.04.1859

Hamburger Adressen: Neuer Wall 4 (Wohnadresse), Brennerstraße 77
(Amalie Sieveking-Stiftung)
In Hamburg von 1794 bis 1859

Ein Leben für die Armen

Den Namen Sieveking gibt es in Hamburg überall. Es gibt die Sievekingsallee, den Amalie-Sieveking-Weg, den Sievekingplatz, die Amalie Sieveking-Stiftung, den Sievekingdamm, das Amalie-Sieveking-Krankenhaus … Die meisten, aber nicht alle Orte erinnern an Amalie Sieveking, die im Sommer 1794 in Hamburg zur Welt kam. Daneben gab es auch den Kaufmann und Aufklärer Georg Heinrich Sieveking (1751–1799), den Arzt Georg Herman Sieveking (1867–1954) und die ersten Bürgermeister Friedrich (1798–1872) und Kurt Sieveking (1897–1986). Es gab Senatoren mit diesem Namen, Ärzte, Unternehmer und Wissenschaftler.

Und eben sie: Amalie. Etwas spröde schaut sie auf Porträts. Mit schmalem Mund und hoher Stirn. Das dritte Kind des Kaufmanns Heinrich Christian Sieveking lebt in unruhigen Zeiten. Hamburg steht unter französischer Besatzung (1806–1814). Tausende Bürger werden vertrieben und das Handelsverbot mit England führt zum Bankrott vieler Handelshäuser. Doch zunächst scheint der Patriziertochter ein schönes, gesichertes Leben beschert. In einer angesehenen Kaufmannsfamilie. Mit Unterricht in Musik, Kunst, Literatur und Haushaltsführung. Schon früh soll Amalie ihren Kopf durchgesetzt haben. Keines ihrer Kinder habe ihr solche Sorgen bereitet, klagt die Mutter auf ihrer Tauffeier. Amalie schreie immer so lange und so laut, bis sie ihren Willen habe.

Ein merkwürdiges Mädchen vielleicht, dessen Leben

eine tragische Wendung nimmt, als zuerst ihre Mutter und – Amalie ist gerade 15 Jahre alt – auch ihr Vater stirbt. Das Vermögen der Familie ist durch die napoleonische Besatzungszeit größtenteils verloren gegangen. Die Geschwister werden getrennt: Während der älteste Bruder Eduard bei einer Tante unterkommt, eine kaufmännische Ausbildung macht und später nach England geht, lebt Amalies jüngerer und 1817 viel zu früh verstorbener Lieblingsbruder Gustav in einer Pastorenfamilie. Und Amalie? Sie wird zuerst in eine Pension gesteckt, wo sie durch Handarbeiten ihr Geld verdient. 1811 zieht sie zu einer verwitweten Cousine ihrer Mutter und pflegt zuerst deren kranken Sohn und später sie selbst. Parallel unterrichtet Amalie, die in ihrer eigenen Kindheit Unterricht stets als freudlos und unzureichend empfand, Mädchen in einer von ihr gegründeten Erziehungsschule und gibt sonntags zusätzlich Unterricht in einer Armenschule.

All dies und das Umfeld ihres Vetters Karl Sieveking, bei dem sich Vertreter der kirchlichen Erweckung wie die Theologen Johann Wilhelm Rautenberg und Johann Hinrich Wichern, der Verleger Friedrich Perthes und der Schriftsteller Matthias Claudius treffen, prägen sie. Amalie, die mit Mitte 30 mit dem Traum, einmal Ehefrau und Mutter zu sein, abgeschlossen hat und sich in der Gesellschaft Gleichaltriger alt, steif und vertrocknet vor-

»Des Menschen eigentliches wahres Leben ist Wirken der Liebe, und er lebt mehr und er lebt seliger, je freier und fröhlicher und segensreicher er wirken kann.«

»Ich kann weinen mit den Weinenden; aber nie werde ich ihretwegen ein murrendes Warum? zum Himmel aufsteigen lassen. Sehe ich doch in allem Leiden nicht die Zuchtruthe allein, sondern auch die Vaterhand, die sie führt, nicht allein den bittern Schmerzenskelch, sondern auch den liebenden, sorgsamen Arzt, der ihn darreicht.«

kommt, sieht den Alltag in Hamburg klar und kritisch: den Luxus der Reichen und das Elend der Armen, die unter menschenunwürdigen Bedingungen in dunklen Gassen leben. Unhygienische Verhältnisse, kaum ärztliche oder pflegerische Hilfe. Dazu die Situation vieler junger Mädchen, auch höherer Stände, denen es an der nötigen Bildung fehlt. Und das ungenutzte Potenzial der unterforderten, unselbstständig gehaltenen Frauen von Stand. Als dann auch noch im Herbst 1831 der Bettler Peter Petersen in Hamburg auf offener Straße unter Fieberkrämpfen zusammenbricht, ist Amalies Stunde gekommen: Die Cholera ist ausgebrochen und breitet sich rasend schnell in der Stadt aus.

Amalie nimmt den Kampf gegen die Seuche auf. Mit einer Anzeige im »Bergedorfer Boten« will sie 1831 andere Frauen motivieren, zu helfen: »Ein Aufruf sollen diese Worte sein, vornehmlich an meine christlichen Mitschwestern gerichtet, ob die eine oder andere unter ihnen sich innerlich berufen fühlt, sich freudig mit mir zur Pflege der Kranken im christlichen Geiste zu verei-

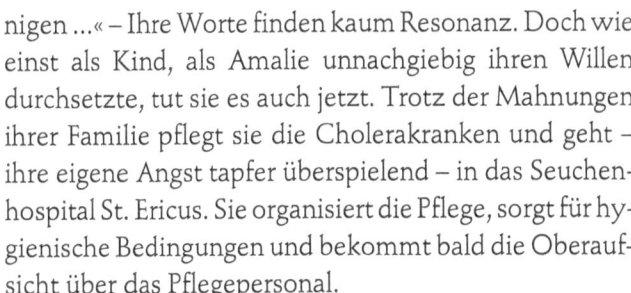

nigen ...« – Ihre Worte finden kaum Resonanz. Doch wie einst als Kind, als Amalie unnachgiebig ihren Willen durchsetzte, tut sie es auch jetzt. Trotz der Mahnungen ihrer Familie pflegt sie die Cholerakranken und geht – ihre eigene Angst tapfer überspielend – in das Seuchenhospital St. Ericus. Sie organisiert die Pflege, sorgt für hygienische Bedingungen und bekommt bald die Oberaufsicht über das Pflegepersonal.

Als die Choleraepidemie 1832 endlich abgeklungen ist, steht Amalie mit großer Anerkennung und neuem Selbstbewusstsein da. Sie gründet am 23. Mai 1832 mit 13 weiteren Frauen den »Weiblichen Verein für Armen- und Krankenpflege«, der Bedürftigen Arbeit vermittelt und Hilfe zur Selbsthilfe anbietet und dessen Vorsitz sie 27 Jahre lang führt. Der streng hierarchisch gegliederte Verein wächst und wird bis ins benachbarte Ausland bekannt, wo nach seinem Muster ähnliche Vereine entstehen. Amalie Sieveking reist umher, hält Vorträge und korrespondiert mit großen Namen wie dem Freiherrn von Stein, der Königin von Preußen oder der Königin von Dänemark.

Eine Revolutionärin ist Amalie Sieveking jedoch nicht. Demokratische Ansätze bleiben ihr fremd, revolutionäre Umstürze sieht sie mit Argwohn. Auch emanzipiert ist sie nicht, auch wenn sie – zuerst anonym – als Frau theologische Schriften verfasst und veröffentlicht und innovative Ideen entwickelt, indem sie unter anderem arbeitslose Männer dazu bewegt, Kinderwagen zu bauen und darin Kinder auszufahren, um sich selbst ein Zubrot zu verdienen und überanstrengte werktätige Frauen zu entlasten. Ihre pietistisch geprägte Frömmigkeit ist es, die sie in enge traditionelle Schranken verweist. Sie gibt ihr Halt, macht sie aber auch umstritten. So soll sie Glaubenstreue bevorzugt und Hilfsbedürftige auf christlichen Lebenswandel und Arbeitswillen kontrolliert haben. Auch ihre Helferinnen werden nur dann aufgenommen, wenn sie evangelischen Glaubens und davon überzeugt sind, dass der Unterschied zwischen Arm und Reich gottgewollt ist.

Wie kritisch man ihre Ansichten auch bewerten mag, die eingebettet in ihre Zeit, ihre Biografie zu verstehen sind – Amalie Sievekings Wirken hallt nach. Heute gilt sie als eine der wichtigsten Wegbereiterinnen der sozialen Arbeit und der Diakonie.

Quellen:
Denkwürdigkeiten aus dem Leben von Amalie Sieveking in deren Auftrage von einer Freundin verfasst. Hamburg 1860.
Hamburgische Kirchengeschichte in Aufsätzen. Teil 4 (Arbeiten zur Kirchengeschichte Hamburgs, Band 27). Hamburg University Press, 2013, S. 339–376.
Silke Jendrowiak: Erinnerungen an Amalie Sieveking. Rundfunkbeitrag auf NDR 1 Welle Nord vom 15.12.2017.
Inge Mager: Weibliche Theologie im Horizont der Hamburger Erweckung. Amalie Sieveking (1794–1859) und Elise Averdieck (1808–1907). In: Das 19. Jahrhundert. Hamburg 2013.
Jens Meyer-Odewald: Die Sievekings – Politiker und Wohltäter. In: Hamburger Abendblatt vom 11.05.2018.
Kirsten Serup-Bilfeldt: Zwischen Mut und Demut. Vor 150 Jahren starb die Vorkämpferin der Diakonie Amalie Sieveking. Beitrag auf Deutschlandfunk Kultur vom 28.03.2009.
Über den Lebenssinn. In: Amalie Sieveking. Lutherische Monatshefte 10/94, S. 18.
Adelheid M. von Hauff (Hrsg.): Frauen gestalten Diakonie. Band 2: Vom 18. bis zum 20. Jahrhundert. Stuttgart 2012.
Eva Marie von Münch: Männer brauchte sie nicht. In: Die Zeit vom 12.08.1994.

LIDA GUSTAVA HEYMANN

Frauenrechtlerin
15.03.1868–31.07.1943

Hamburger Adressen: Theresenstieg 3 (Wohnadresse), Paulstraße 25 (heute Europapassage), Rathausstraße 9, Bergstraße 7, Sophienterrasse 11 (Orte ihres Wirkens)
In Hamburg bis auf eine kurze Unterbrechung von 1868 bis 1907

Die Stimme der Frauen

Ein großes Leben. – Es beginnt 1868 in einem großen Patrizierhaus im noblen Hamburg-Harvestehude. Doch Lida Gustava Heymann findet es eng, dieses riesige Haus. Umgeben von Dienern und Gouvernanten. Ihr Vater ist ein Freigeist und Hamburger Kaufmann, der es durch den Handel mit Kaffee zu größtem Wohlstand gebracht hat. Ihre Mutter, 30 Jahre jünger als ihr Mann, ist nicht sehr gebildet und in eher bescheidenen Verhältnissen auf einem sächsischen Rittergut aufgewachsen. Neun Kinder gebärt sie, von denen fünf Töchter überleben, gemeinsam aufwachsen – und doch so verschieden sind.

Denn da ist sie, Lida Gustava, die Mittlere der fünf. Ihren Vater bewundernd, ihre Mutter bisweilen verachtend, braucht sie Jahre, um einen eigenen Weg im Leben zu finden: »Starke Bindungen zu Freunden und zum Vater ließen mich aber den Weg zur Selbständigkeit nicht finden«, schreibt sie 1941 in ihrer Biografie. »Es waren Jahre, wo jeder Mensch, ob Mann oder Frau, aus der Fülle seiner Kraft zu gestalten bestrebt ist, leben und schaffen will. Mir aber waren überall Grenzen gesteckt, und an diesen Grenzen rieb ich mich innerlich wund und krank.«

Mit 14 Jahren besucht sie eine höhere Töchterschule, zwei Jahre später ein internationales Pensionat in Dresden. Ein erster Ausbruch in die Freiheit, der nach zwei Jahren erneut in Hamburg endet, wo sie für elf Jah-

LIDA GUSTAVA HEYMANN

re wieder im Elternhaus lebt und zur Stütze ihres Vaters wird. Während ihre Schwestern alle in den pommerschen Landadel verheiratet werden, verweigert sich Lida Gustava und unterrichtet lieber an einer Armenschule, richtet eine Nähschule ein, bildet sich weiter, reist. Über ihren ersten und einzigen Ballbesuch soll sie empört gesagt haben: »Einmal und nie wieder, eine solche Gesellschaft ist ja ekelhaft, der reinste Heiratsmarkt, und die Unterhaltungen der Männer zu albern und dumm. Zu einem solchen Blödsinn gebe ich meine Zeit nicht her, da bleibe ich lieber daheim und lese ein gutes Buch.«

Ihr Entsetzen über die Männerwelt wird noch größer, als sie auf dem pommerschen Gut ihres Schwagers erlebt, wie er gegenüber seinen Angestellten vom Recht der Züchtigung Gebrauch macht. Ein Grund für sie, den Kontakt vom selben Tag an abzubrechen. Ihre Meinung über Männer ist schnörkellos: »Ihre galante ebenso wie mißachtende Art, Frauen – besonders ihren Ehefrauen – zu begegnen, beide widerten mich an. Erwachsen, meiner selbst bewußt, schwor ich, mir meine persönliche Freiheit niemals durch Männer beeinträchtigen zu lassen, d. h. soweit das eben unter den gegebenen Umständen im Männerstaat möglich ist. Den Schwur habe ich gehalten, konnte es ohne große Schwierigkeiten, weil ich nach dem Tode meines Vaters wirtschaftlich völlig unabhängig war.«

> »*Ausbeutung durch den Arbeitgeber war wenig erfreulich, aber die durch den Ehemann geradezu verzweiflungsvoll.*«

»Das beste Mittel, politische Unreife, die tatsächlich bei vielen Frauen mangels zweckendsprechender Erziehung vorhanden ist, zu beseitigen, ist, ihnen politische Rechte zu geben. Schwimmen lernt nur der, der ins Wasser geht.«

Denn als ihr Vater 1896 stirbt, hinterlässt er ihr ein Vermögen von sechs Millionen Mark und setzt sie als Verwalterin seines Besitzes ein. Fast hätte ihr die Hamburger Männerwelt auch daraus einen Strick gedreht, denn das Nachlassgericht will zuerst keine Frau als Verwalterin akzeptieren. Doch sie befördert einen Präzedenzfall aus dem 13. Jahrhundert ans Licht und kann endlich frei walten und schalten. Das muss sich angefühlt haben wie ein neues Leben. Die inzwischen 28-Jährige hat zum ersten Mal das Gefühl, etwas bewegen zu können. Sie kauft in der Hamburger Innenstadt Häuser. In der Rathausstraße und in der Paulstraße, ganz im Herzen der Hansestadt. Dort errichtet sie ein Frauenzentrum, wie es das in Deutschland bis dahin noch nie gab: unter anderem mit einem Kinderhort für Kinder berufstätiger Mütter, mit günstigem Mittagstisch, mit Rechtsberatung, Bildungsangeboten und Arbeitsvermittlung. Als im Winter 1896/97 die Hafenarbeiter streiken, sorgt sie für ein kostenloses Mittagessen für deren Frauen und Kinder. Auch die Hamburger Ortsgruppe des Allgemeinen Deutschen Frauenvereins gründet sie 1896 mit, die sich bald in »Gemäßigte« und »Radikale«

spaltet. Letztere wollen sich nicht nur mit Wohlfahrtsangelegenheiten befassen, sondern fordern mehr Veränderung, darunter die staatsbürgerliche Gleichstellung der Frau, die Abschaffung der staatlichen Reglementierung der Prostitution und das Wahlrecht für Frauen. Lida Gustava Heymann zählt fortan zu den »Radikalen« und wird zu einer ihrer Leitfiguren, denn sie hat in den wenigen Monaten in Sprechstunden und Gesprächen viel gelernt über die Nöte der Frauen – am Arbeitsplatz und in den Familien. »Im Gegensatz zu den ›Gemäßigten‹ wollte sie sich nicht mit einem Männerstaat arrangieren, den sie ablehnte«, beschreibt es die Oldenburger Politikwissenschaftlerin Christiane Himmelsbach.

Heymann wird zur Vorkämpferin gegen die Prostitution. Ihr Engagement richtet sich nicht gegen die Frauen im Sinne einer Doppelmoral, sondern gegen die Männer, die deren Situation ausnutzen. Sie verklagt den Hamburger Senat 1900 wegen Zuhälterei, geht erfolglos durch alle Instanzen. Doch sie erzeugt Öffentlichkeit, macht das Hamburger Bordellsystem publik. Im September 1896 lernt sie auf dem Internationalen Frauenkongress in Berlin die elf Jahre ältere Münchner Journalistin und Juristin Anita Augspurg kennen. Die Frauen bilden eine Symbiose, werden Lebenspartnerinnen, auch wenn sie nie öffentlich über die Art ihrer Beziehung reden. 1902 bauen sie den ersten deutschen Verein für Frauenstimmrecht auf. Mehr und mehr zieht sich Heymann aus Hamburg zurück, beginnt mit dem neuen Jahrhundert auch ein neues Leben: gemeinsam mit Anita Augspurg auf deren Bauernhof in Bayern. Vegetarisch, pazifistisch und wild entschlossen, die Welt zu verändern.

Sie gehören zu den Ersten, die ihre Stimme gegen die Kriegseuphorie erheben, fordern bereits 1923 die Ausweisung Hitlers und stehen auf der Todesliste der Nazis. 1933 kehren sie von einer Auslandsreise nicht zurück, gehen ins Schweizer Exil. Ihr Vermögen bleibt in Bayern, ihr Archiv wird zerstört. Zwei Jahre vor ihrem gemeinsamen Todesjahr 1943 schreiben sie in ihrer Dachwohnung in Zürich eine Biografie. Lida Gustava Heymann pflegt die zuletzt kranke und verwirrte Anita Augspurg und stirbt dennoch einige Wochen vor ihr – von einer Krebserkrankung gezeichnet. Ihr Leben endet in einer kleinen Dachwohnung – ein großes Leben.

»Frauen Europas, wo bleibt Eure Stimme¿ Seid Ihr nur groß im Dulden und im Leiden¿«

Quellen:
Manfred Asendorf, Rolf von Bockel (Hrsg.): Demokratische Wege. Deutsche Lebensläufe aus fünf Jahrhunderten. Stuttgart 1996.
Lida Gustava Heymann in Zusammenarbeit mit Anita Augspurg: Erlebtes – Erschautes. Deutsche Frauen kämpfen für Freiheit, Recht und Frieden 1850–1940. Hrsg. von Margit Twellmann. Meisenheim am Glan 1972.
In: Lida Gustava Heymann: Frauenrechte und Völkerverständigung.
In: Nach dem Weltkrieg. Schriften zur Neuordnung der auswärtigen Politik. Leipzig 1919.
Lida Gustava Heymann, 1915, Aufruf an die Frauen Europas gegen den Krieg. Veröffentlicht in EMMA, Ausgabe März/April 2003.
Himmelsbach, Christiane: »Verlaß ist nur auf unsere eigne Kraft!«.
Lida Gustava Heymann – eine Kämpferin für die Frauenrechte. Oldenburg 1999.

IDA DEHMEL

Kunstförderin
14.01.1870–29.09.1942

Hamburger Adressen: Parkstraße 40 (heute Am Kiekeberg 22),
ab 1912 Westerstraße 5 (später Richard-Dehmel-Straße 1)
In Hamburg von 1901 bis 1942

Nicht nur eine Muse

Frauen spielten in Blankenese schon immer eine besondere Rolle. Denn als der Fähr-, Fischer- und Seefahrerort zwischen 1640 und 1864 noch unter dänischer Vorherrschaft steht und zur Grafschaft Pinneberg gehört, fahren mehr als 90 Prozent der Männer zur See. Zu dieser Zeit sind die Frauen Ernährerin und Familienoberhaupt. Als Blankenese 1867 eine Bahnlinie bekommt, entstehen riesige Villen, denn Reeder, Politiker, Kaufleute zieht es an den Elbhang, aber auch Künstler. Letztere hatten Blankenese zuvor schon für sich entdeckt, da noch – ähnlich den Künstlerorten Worpswede oder Ahrenshoop – auf der Suche nach dem Einfachen und Ursprünglichen. Die Vermutung liegt also nahe, dass eine starke Frau an der Seite eines berühmten Dichters in Blankenese 1901 nicht weiter aufgefallen wäre. Doch Ida und Richard Dehmel sorgen für neugierige Blicke, als sie 1901 in Blankenese auftauchen – und bleiben.

Man zerreißt sich die Mäuler über ihre Vergangenheit. Das gilt besonders für Ida Dehmel, geborene Coblenz, die 1870 als viertes Kind einer reichen jüdischen Familie in Bingen am Rhein geboren wird. Da ihre Mutter bei der Geburt eines weiteren Kindes stirbt, erzieht der Vater die fünf Kinder, schickt die siebenjährige Ida auf Privatschulen, später in ein Mädchenpensionat. Als sie ihrem Vater mit Anfang 20 den Haushalt führt, trifft sie in Bingen auf den noch unbekannten Dichter Stefan

IDA DEHMEL

George. Für ihn Liebe. Für sie Freundschaft. Und zum ersten Mal das Gefühl, Kunst beeinflussen zu können. Ida, die Muse, die einen anderen liebt: den Leutnant Heinz von Hahn. Doch ihr Vater wünscht sich einen jüdischen Ehemann und arrangiert 1895 eine Ehe mit dem Tuchhändler Leopold Auerbach in Berlin.

Unglück und Wut. Und wieder die Kunst. Inspiriert von den Berliner Salons, wird ihr Haus im Tiergarten Treffpunkt Kulturschaffender. Ida bekommt Zugang zum Friedrichshagener Dichterkreis, einer Vereinigung von Schriftstellern des Naturalismus. Dort trifft sie, bereits schwanger, auf Richard Dehmel. Die junge, hochgewachsene Frau mit den markanten Gesichtszügen, der etwas dunklen Haut und den großen, melancholischen Augen verliebt sich in den exzentrischen, für Frauengeschichten bekannten Lyriker. 1898, ihr Sohn Heinz-Lux ist drei Jahre alt, meint es das Schicksal gut mit Ida: Ihr Ehemann wird des betrügerischen Bankrottes wegen inhaftiert. Ein Grund, die Ehe zu lösen. Sie zieht mit ihrem Sohn nach Pankow, in Dehmels Nähe. Doch er ist mit der Märchendichterin Paula Oppenheimer verheiratet und hat mit ihr drei Kinder. Als eine Ehe zu dritt nicht funktioniert, lässt auch er sich scheiden – und heiratet Ida 1901 in London.

Mit Idas Sohn geht das Paar nach Hamburg, wo im nahen Rahlstedt Richards bester Freund, der Dichter Detlev von Liliencron, lebt. Sie beziehen eine Etagenwohnung in der Parkstraße in Blankenese. Der zuweilen wild gestikulierend und singend durch die Straßen laufende Dehmel und die extravagante Ida, die von ihm entworfene Reformkleider trägt, leben zurückgezogen, reisen viel. Ida, Richards Muse, vergöttert ihren Mann,

»Die schönen Räume riefen das Verlangen nach Gastlichkeit hervor.«

auch wenn er ihr nicht treu ist. Sie soll es gewesen sein, die Freunde und Gönner zu dessen 50. Geburtstag für ein besonderes Geschenk begeistert: Geld für den Bau eines Hauses. Zusätzlich dazu nehmen die Dehmels eine Hypothek auf und bauen eine Jugendstil-Villa in der Westerstraße – ein Haus, das der Architekt Walther Baedeker nach Richard Dehmels Wünschen plant. Hoch, winkelförmig, ockerfarben verputzt, mit steilem Dach und hoher Terrasse und »in jeder Einzelheit Ausdruck seines Wesens geworden«, wie Ida später schreibt.

Auch die Einrichtung bestimmt Richard Dehmel, inspiriert von Peter Behrens und Henry van de Velde. Ein Jugendstil-Gesamtkunstwerk. Und schon bald ein offenes Haus, in dem sich Schriftsteller wie Hans Carossa und Gerhart Hauptmann, Künstler wie Max Liebermann und Clara Rilke-Westhoff, Musiker wie Richard Strauss und Hans Pfitzner, aber auch Kunstsammler und -förderer treffen. Ida, bereits 1906 Mitbegründerin des Hamburger Frauenclubs und seit 1912 Mitglied in der »Deutschen Vereinigung für Frauenstimmrecht«, sieht sich als Förderin der Kunst – insbesondere der weiblichen. 1916 gründet sie mit Dr. Rosa Schapire den »Frauenbund zur Förderung deutscher bildender Kunst«, der zeitgenössische Künstler unterstützt und Museen moderne Werke schenkt.

Als wenige Monate nach dem Einzug in die Villa der Erste Weltkrieg ausbricht, meldet sich der 50-jährige Ri-

chard freiwillig und wird 1916 wegen einer Venenverletzung ausgemustert. Idas Sohn Heinz-Lux fällt 1917 in Frankreich und wird im Garten der Villa beigesetzt. Zwei Jahre später ist aus Richard Dehmels Verletzung eine Thrombose geworden, an der er 1920 stirbt. Nicht nur seine Urne bewahrt Ida in der Villa auf – auch sein Erbe, das sie sorgfältig pflegt und archiviert, während sie sich bei all ihrer Trauer emanzipiert, mehr denn je Künstlerinnen fördert, Dehmelstiftung und Dehmelhaus gründet und ihre Veranstaltungen im Dehmelhaus überregional bekannt werden. 1926 ruft sie den »Bund Hamburgischer Künstlerinnen und Kunstfreundinnen« ins Leben, aus dem die GEDOK (Gemeinschaft Deutscher und Österreichischer Künstlerinnenvereine aller Kunstgattungen) hervorgeht, deren erste Bundesvorsitzende Ida Dehmel ist.

Nach der Machtergreifung Hitlers stürmt die SA 1933 eine Versammlung der GEDOK in deren Räumen im Hamburger Hof am Jungfernstieg. Wegen ihrer jüdischen Herkunft zwingt man Ida Dehmel, alle Ämter niederzulegen und die GEDOK, die zur »ReichsGEDOK« wird, zu verlassen. Von den damals 7000 Mitgliedern sollen 5000 aus Solidarität mit ihr ausgetreten sein. Ida, schwer an Gicht erkrankt, reist in ferne Länder, will aber nicht ins Exil gehen und nimmt sich 1942 mit einer Überdosis Schlaftabletten das Leben.

Heute ist die GEDOK das älteste und europaweit größte Netzwerk für Künstlerinnen. Das Dehmel-Ar-

»Im Moment, in dem ich das Dehmelhaus verlassen muss, mache ich Schluss!«

»*Wir wissen, daß, so wie die Sonne Blüten erweckt, Liebe Gegenliebe hervorruft. Öffnet Eure Herzen Euern Mitschwestern! Wenn Alle geben, werden Alle empfangen.*«

chiv ist in Obhut der Staats- und Universitätsbibliothek. Und auch das Dehmelhaus erstrahlt seit 2016 innen und außen in neuem Glanz, nachdem die Hermann Reemtsma Stiftung die Sanierung finanziert hat. Ida Dehmel wäre es ein Trost gewesen.

Quellen:
Thomas Bleitner: Hamburgerinnen, die lesen, sind gefährlich. München 2013, S. 80 ff.
Irma Hildebrandt: Immer gegen den Wind. 18 Hamburger Frauenporträts. München 2005, S. 85 ff.
Maike und Ronald Holst: Blankeneser Frauen. Neumünster/Hamburg 2013.
Homepage des Dehmelhauses: www.dehmelhaus.de
Rede Ida Dehmels anlässlich der Gründung der GEDOK, 1927.
Charlotte Ueckert: Hamburgerinnen. Eine Frauengeschichte der Stadt. Hamburg 2008, S. 77 ff.
Matthias Wegner: Aber die Liebe. Der Lebenstraum der Ida Dehmel. München 2000.

ANITA RÉE

Malerin
09.02.1885–12.12.1933

Hamburger Adressen: Alsterkamp 13 (Geburtshaus), Badestraße,
Fontenay, Rotherbaum (letzter Hamburger Wohnort)
In Hamburg 1885 bis 1922 und 1925 bis 1932

Eine Frau zwischen den Welten

Schlicht und schnörkellos ist die Ansgarkirche in Hamburg-Langenhorn. Der 1930 fertiggestellte kubische Klinkerbau hat einen großen Innenraum mit mächtigen Wandpfeilern und einem dominierenden dunklen Holzkreuz im Altarraum. Geplant war das anders. Denn dreht man sich um in der Kirchenbank, schaut man auf fünf Reproduktionen in Schwarz-Weiß. Bilder, die die Künstlerin Anita Rée 1931 als Altaraufsatz im Auftrag des Kirchenrats der evangelisch-lutherischen Landeskirche erstellte. Ein fünfteiliges Gemälde zum Aufklappen, das aus einer großen Mitteltafel und vier kleineren Tafeln besteht. In der Mitte groß »Das Abendmahl« und als Seitenbilder »Der Einzug in Jerusalem«, der »Judaskuss« und »Die klugen und die törichten Jungfrauen«. Ein Monumentalwerk, das nie seinen Weg in die Ansgarkirche fand, sondern in der Kirche St. Nikolai eingelagert wurde und dort später vermutlich in einer Bombennacht verbrannte. Denn Rée war eine Frau zwischen den Welten – stark und doch so zerrissen. Sie entstammte einer alten jüdischen Kaufmannsfamilie.

Anita Rée wird 1885 in Hamburg geboren, zwei Jahre nach ihrer Schwester Emilie. Ihre Eltern, der Kaufmann Eduard Israel Rée und seine katholische, aus Venezuela stammende Frau Anna Clara, sind so assimiliert, dass die jüdischen Wurzeln nicht mehr zu erkennen sind. Die Mädchen werden protestantisch getauft und konfirmiert und besuchen eine Privatschule in der

ANITA RÉE

Milchstraße. Anita ist begabt und genießt eine umfassende Bildung. Vermutlich im Sommer 1904 beginnt sie eine Ausbildung bei dem Hamburger Künstler Arthur Siebelist, einem Vertreter der impressionistischen Freiluftmalerei. Dieser schart, unter anderem auf Anregung Alfred Lichtwarks, des Direktors der Kunsthalle Hamburg, begabte junge Künstler um sich und geht mit ihnen zum Malen in die Natur. Frische Luft statt akademische Bildung.

Sie zweifelt an ihren Fähigkeiten und fragt sich, ob ihr diese Ausbildung den Anschluss an die Moderne bringt. Ihre Eltern organisieren über einen Verwandten, den Kunsthistoriker Aby Warburg, ein Treffen mit Max Liebermann in Berlin. Der große Maler erkennt ihr Talent und ermutigt sie zum Weitermachen. Doch während ihre Familie und auch die Malschule in der Ausbildung eher eine Erziehung zum Schöngeistigen für die spätere Ehefrau und Hausfrau sehen, will Anita Rée eine ernst zu nehmende Künstlerin werden – und gerät dabei immer mehr mit ihrer Umwelt in Konflikt. Erst eine zweite Begegnung, vermutlich um 1910, mit Liebermann gibt ihr die Kraft, sich von Siebelist zu lösen und eigene Wege zu gehen.

Sie beobachtet die neuen Entwicklungen in der Kunst, indem sie in Galerien, Privatsammlungen, Zeitschriften und Büchern Werke anderer Künstler betrachtet und sich dabei besonders für die Werke von Paul Cézanne, André Derain und Paula Modersohn-Becker interessiert. Sie schließt sich dem expressionistischen Maler Franz Nölken an. Aus Lehrer und Schülerin werden bald Kollegen. Sie malt in seinem Atelier in der Wallstraße 17, in das sich auch der Maler Friedrich Ahlers-

»Um mich zu erquicken u. in Pariser Luft zu versetzen, habe ich mir aus der Kunsthalle Vollards grosses Cézannewerk entliehen (…). Es ist mir ein ungeheurer Genuss, mich in das Buch zu vertiefen u. ich habe in 2 Tagen seinen Inhalt buchstäblich verschlungen. Wenn ich die Abbildungen nach den göttlichen Bildern betrachte, werde ich ganz aufgeregt und brenne vor Sehnsucht, die Originale zu sehen.«

Hestermann gesellt. Nölken sagt über sie, sie zeichne »so gut wie ein Kerl« und man könne sowohl über Musik als auch über Malerei »ordentlich« mit ihr sprechen. Vielleicht ist es die angeblich nicht erwiderte Liebe Nölkens, ganz sicher aber der Wunsch, sich aus der provinziellen Hamburger Szene zu lösen, der Anita Rée im Winter 1912/13 nach Paris führt. Dort trifft sie andere Künstler. Betrachtet Werke Paul Cézannes. Die Stadt wird Quelle der Inspiration.

    Nach ihrer Rückkehr bleibt sie acht Jahre lang überwiegend in Hamburg und fasst als ernst zu nehmende Künstlerin Fuß. Ihre Porträts von Agnes, dem Dienstmädchen der Familie, gelten als Beginn ihrer avantgardistischen Bilder. In ihnen findet sie ihren Stil. Und ihre Themen. Darunter den Körper als Zeichen von Geist und Seele und die ständige Frage nach der eigenen Iden-

tität. Gustav Pauli, seit 1914 neuer Direktor der Kunsthalle, erwirbt mehrere ihrer Aktzeichnungen und ein Selbstbildnis. Rée, die vom Verkauf ihrer Werke leben muss – und will –, erweist sich als gute Netzwerkerin und pflegt Freundschaften und Bekanntschaften mit Personen aus der Gesellschaft, aus Kultur und Politik. Darunter neben Pauli auch Hamburgs Baudirektor Fritz Schumacher, der Bankier Carl Melchior und die Kunstmäzeninnen Luise Bohlen und Emmi Ruben.

Mit Mitte 30 zieht es Anita Rée auf der Suche nach neuer Inspiration und neuen Landschaftseindrücken nach Süditalien in das Fischerdorf Positano an der Amalfiküste, wo sie bis 1925 rund drei Jahre verbringt. Dort lebt sie auch ihre Liebe zu dem Buchhändler und Künstler Christian Selle, die ebenso unglücklich verläuft wie die zu Nölken und später zu dem Hamburger Kaufmann Carl Vorwerk Anfang der 1930er-Jahre. Das fehlende Glück in der Liebe kompensiert sie mit innigen Freundschaften insbesondere zu Frauen.

Zurück in Hamburg erregen ihre italienischen Werke Anfang 1926 Aufsehen und führen zu überregionaler Anerkennung. Sie bekommt Porträtaufträge. Außerdem beauftragt der Hamburger Architekt und Stadtplaner Fritz Schumacher große Wandgemälde für zwei neu erbaute Schulen. Zugleich sind da private Enttäuschungen, die Wirtschaftskrise, der Tod ihrer Mutter und auch Selbstzweifel, die zeit ihres Lebens an Anita Rée nagen und in eine schwere Depression münden. Eindringlich

*»Ich möchte nie nach
Deutschland zurück.«*

»Ich kann mich in so einer Welt nicht mehr zurechtfinden und habe keinen anderen Wunsch, als sie, auf die ich nicht mehr gehöre, zu verlassen. Welchen Sinn hat es – ohne Familie und ohne die einst geliebte Kunst und ohne irgendeinen Menschen – in so einer unbeschreiblichen, dem Wahnsinn verfallenen Welt weiter einsam zu vegetieren und allmählich an ihren Grausamkeiten zugrunde zu gehen.«

1930 das Selbstbildnis der 45-Jährigen: nackt und doch distanziert, der Blick melancholisch und doch selbstbewusst. Dann der schwer erkämpfte Auftrag für das Altarbild in Langenhorn. Und zugleich warnende Worte aus NSDAP-Kreisen, die aus Anita Rée, die sich nie als Jüdin sah, erst eine Jüdin machen. Immer wieder verzögern die Kirchenoberen die Übergabe an die Gemeinde. Da ist Anita Rée längst den politischen Tumulten der Großstadt entflohen. Lebt seit Sommer 1932 in einer Kammer auf Sylt. Malt Aquarelle, kaum noch Porträts, kaum noch Menschen. Im Dezember 1933 nimmt sie sich mit Veronal das Leben.

Jahrzehnte lagerten rund 40 ihrer Gemälde, die im Besitz der Kunsthalle waren und während des Krieges von dem kunstbegeisterten Pförtner Wilhelm Werner versteckt wurden, im Keller des Museums. Erst 2017

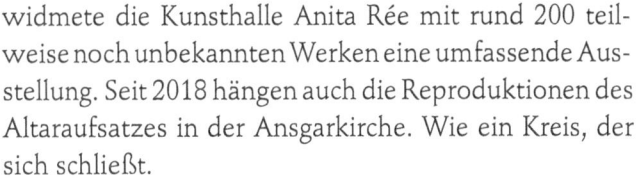

widmete die Kunsthalle Anita Rée mit rund 200 teilweise noch unbekannten Werken eine umfassende Ausstellung. Seit 2018 hängen auch die Reproduktionen des Altaraufsatzes in der Ansgarkirche. Wie ein Kreis, der sich schließt.

Quellen:
Irene Bazinger: Wie ein getüpfeltes Fabelwesen. In: Frankfurter Allgemeine Zeitung vom 31.10.2017.
Maike Bruhns: Anita Rée (1885–1933). Das Werk. München 2018.
Benedikt Erenz: Traumsaum der Kindheit. In: Die Zeit vom 02.10.2017.
Heike Linde-Lembke: Anita Rée, die Kunst und der Selbstmord auf Sylt. In: Jüdische Rundschau vom 03.11.2017.
Anita Richter: Die Menschen-, die Frauen-Malerin. In: Deutschlandfunk Kultur vom 15.12.2017.
Karin Schick (Hrsg.): Anita Rée. Retrospektive. München 2017.
Homepage der Kirchengemeinde Ansgar: www.kirchengemeinde-ansgar.net
Homepage der Hamburger Kunsthalle:
www.hamburger-kunsthalle.de/ausstellungen/anita-ree

PAULA KARPINSKI

Politikerin
06.11.1897–08.03.2005

Hamburger Adressen: Appener Weg, Eppendorf (Wohnadresse),
Hamburger Rathaus, Rathausmarkt (Arbeitsstätte)
In Hamburg von 1897 bis 2005

Anwältin der Jugend

Ein antiquarisches Buch aus den 1960er-Jahren von Fritz Kempe und Bernhard Meyer-Marwitz. Vorne mit Kugelschreiber eine Widmung in gestochener Handschrift, datiert auf den März 1966: »Im Rückblick auf 11 Jahre Zusammenarbeit möchte ich Ihnen herzlich danken für Ihre stete Bereitschaft und Hilfe, die mir die Ausübung meiner Aufgaben sehr erleichterte. – Ihre Paula Karpinski.« Ein sauberes, noch gefaltetes Papiertaschentuch trennt die Seiten 56 und 57, ein kurzer Text über Paula Karpinski und daneben das Foto, das der Hamburger Fotograf Fritz Kempe von ihr als bereits nicht mehr ganz junger Frau gemacht hat. Mit kurz geschnittenen, leicht welligen dunklen Haaren, strenger Brille und einem schmalen, entschlossen wirkenden Mund.

Der Text schildert die Situation der Jugend in Hamburg, das nach der Kapitulation 1945 wie ein Magnet für viele Heimatlose ist: »Besonders gefährdet unter diesen unfreiwillig Umherstreunenden, für die es zunächst kaum wirkliche Hilfe gab, waren die Jugendlichen, die ihre Eltern verloren hatten oder von ihnen getrennt worden waren: Schüler, Lehrlinge, abgerissen, verhungert, krank, oft bereits bedenklich verwahrlost, stets aufs Neue der Landstraße preisgegeben, weil die meisten Dörfer und kleinen Städte überfüllt waren.« Finanzielle Mittel sind in dieser Situation im zerstörten Hamburg nicht da. Aber als es am 13. Oktober 1946 die ersten freien Wahlen gibt, wird Max Brauer Bürgermeister, Adolph Schön-

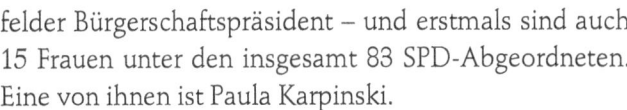

PAULA KARPINSKI

felder Bürgerschaftspräsident – und erstmals sind auch 15 Frauen unter den insgesamt 83 SPD-Abgeordneten. Eine von ihnen ist Paula Karpinski.

Ende 1897 als eine von vier Geschwistern in eher ärmlichen Verhältnissen im Arbeiterstadtteil Hammerbrook geboren, besucht sie die Volksschule und später die Handelsschule und arbeitet dann als Stenotypistin und Buchhalterin. 1925 bildet sie sich am Sozialpädagogischen Institut zur staatlich geprüften Wohlfahrtspflegerin weiter. Für ihre Eltern sind Demokratie und Sozialismus gleichbedeutend mit Bildung, Gleichberechtigung und Teilhabe. Ihr Vater ist Hafenarbeiter, der erst durch seine Frau Lesen und Schreiben gelernt hatte. Paulas Mutter ist gebildet und immer bereit, ihren Kindern Fragen zu beantworten. »Das Verhältnis in der Familie war überhaupt gut, bei uns wurde nicht geschlagen, sondern es wurde wirklich miteinander gesprochen, wenn man, wie Kinder nun mal sind, irgendetwas ausgefressen hatte«, erinnert sich Paula Karpinski später. »Was ich meiner Mutter auch hoch anrechne, ist, daß wir zu Weihnachten und zu jedem Geburtstag, obwohl wir sehr wenig Geld hatten, immer ein Buch geschenkt bekommen haben.«

Schon früh ist Paula politisch aktiv, 1911 in der Sozialistischen Arbeiterjugend, ab 1914 in der SPD. Sie hat im Ersten Weltkrieg, mit 14 Jahren, an den Türen geklingelt und Unterschriften gegen den Krieg gesammelt. Später heiratet sie den Architekten Carl Karpinski, bekommt 1930 Sohn Jörn. Da ist sie bereits Mitglied des Hamburger Parteivorstandes und Frauenausschusses. Als sie kurz nach der Machtübernahme der NSDAP im Deutschen Reich für die SPD ein Bürgerschaftsmandat annimmt, hatte das Konsequenzen: »Mein Mann, der damals beim Arbeitsamt tätig war, wurde entlassen, weil ich mich nochmals hatte wählen lassen.« Dann, im Juni 1933, wird Paula Karpinski zusammen mit Parteivorstand und Parteiausschuss verhaftet, bald aber wieder freigelassen. Danach wird sie mehrfach in Hamburg-Fuhlsbüttel inhaftiert, unter anderem unter dem Vorwurf, mit illegalen Gruppen in Verbindung zu stehen.

Dann nach dem Krieg der Blick auf die Jugend. Ihre Not. Und für Paula Karpinski die große Stunde: Sie wird 1945 in den Parteivorstand berufen und später offiziell gewählt. 1946 ist sie Hamburgs neue Jugendsenatorin – und damit zugleich die erste Frau in einem deutschen Ministeramt! Ein Sprung ins kalte Wasser, denn niemand hatte ihr vorher erklärt, wie man eine Behörde mit rund 1500 Mitarbeitern leitet. Und niemand konnte ihr verraten, wie man die Not von Jugendlichen, aber auch von Familien, Frauen und Kindern lindert. »Manchmal kam ich erst nachts um ein Uhr nach Hause, sehr oft noch mit einem Stapel Akten unter dem Arm. Die las ich dann im Bett, weil es dort ein bißchen bequemer war«, erinnert sie sich später, mit über 100 Jahren.

Wie sie Hamburg verändert? Mit Herz und Hirn. Zupackend und ganz nach ihrem Motto »Wir sind nicht auf der Welt, um es uns bequem zu machen, sondern um sie zu verbessern«. Kein Schicksal lässt sie kalt. Sie organisiert den Bau von Spielplätzen, Jugendheimen und Kindertagesstätten, schafft nach und nach der Jugend einen Zugang zu Kulturveranstaltungen, zu Theatern und Konzerten, kümmert sich um eine qualifizierte Ausbildung von Erziehern und gründet die ersten Elternschulen. Sie erkennt die veränderten Bedingungen im Alltag von Familien, die hohe Müttersterblichkeit und die Notwendigkeit, dass nicht nur alleinstehende Mütter einen Beruf ausüben. Die Widerstände seitens ihrer männlichen Kollegen im Senat sind groß, aber sie setzt sich durch. So beispielsweise 1959, als sie das Referat »Frau und Familie« in ihrer Behörde einführen will. Als sie den Bau des Volksparkstadions durchsetzt. Oder als sie für den Bau einer Jugendherberge eine der schönsten Lagen der Stadt sichert: am Stintfang, hoch über Elbe und Hafen. Das Argument, das sei doch viel zu nah an der sündigen Reeperbahn, ist ihr egal. Da gehe die Jugend eh hin, wenn sie wolle. Wichtiger sei es aber, ihre Liebe zu Hamburg zu wecken – damit sie später als zahlende Gäste wiederkommen.

Sie, die Willy Brandt und Helmut Schmidt schätzte, gerne las und noch im hohen Alter die Literatur von Hermann Hesse für sich entdeckte, die nie rauchte, wenig Alkohol trank und gerne mal ein Stück Kuchen verputzte, mied zuletzt Parteiversammlungen und lud lieber zu politischen Gesprächen in ihr Wohnzimmer in Eppendorf ein. Elf Jahre gehörte sie, mit kurzer Unterbrechung während der Zeit des bürgerlichen Hamburg-Blocks von 1953 bis 1957, als Jugend-, zeitweise auch als Sportse-

»Da habe ich in einem der großen Säle am Fenster gestanden, dieser Blick die Elbe hinunter – überwältigend. Die Sonne schien und es war so herrlich. Da habe ich gedacht, das ist wirklich richtig gewesen, was wir damals gemacht haben.«

natorin dem Hamburger Senat an und war 91 Jahre Mitglied der SPD. Noch mit 90 Jahren schrieb sie dem damaligen Bürgermeister Henning Voscherau einen wütenden Brief, als der überlegte, die Jugendherberge einem Hotel zu opfern. Heute ist der Platz am Stintfang nach ihr benannt. – Paula Karpinski starb 2005 mit fast 108 Jahren.

> »*Achten Sie darauf, wie die Politik sich bei den Menschen auswirkt, für die sie gemacht wird.*«

Quellen:
Uwe Bahnsen: 91 Jahre in der SPD. In: Die Welt vom 12.03.2005.
Daniel Gritz: Erinnerung an Paula. Nachruf im Mitgliedermagazin der SPD Hamburg Nord. 2005.
Rolf Kasiske: Überwiegend mit dem Herzen. Die erste Frau in einem deutschen Ministeramt. In: Ursula Richter und Gudrun Reher (Hrsg.): *Das Buch der Hundertjährigen.* Reinbek bei Hamburg 2000, S. 227 ff.
Fritz Kempe und Bernhard Meyer-Marwitz: Hamburger. Hamburg 1963, S. 56.
Jens Meyer-Wellmann: Abschied von Paula Karpinski. In: Hamburger Abendblatt vom 21.03.2015.

ERNA STAHL

Lehrerin
15.02.1900–13.06.1980

Hamburger Adressen: Riststraße (Wohnadresse), Grasweg 72–76
(Lichtwarkschule), Erdkampsweg 89 (Gymnasium Alstertal), Struckholt 27
(Albert-Schweitzer-Gymnasium), Schluchtweg 1 (Albert-Schweitzer-Schule)
In Hamburg von 1900 bis 1980

Mit Kopf, Herz und Hand

Wo die Bibliothek sei, soll Erna Stahl gefragt haben, als sie 1906 in der Schule für höhere Töchter von Anne Kraut eingeschult wurde. Denn Erna liebte Bücher. Daran soll sich ihr ganzes Leben lang nichts ändern. Aber noch eine andere Frage wird ihr bald auf der Zunge gelegen haben: Wenn auf ihrer Schule die »höheren Töchter« sind, wer und wo sind dann die »niederen Töchter«?

Fragen stellen. Mutig sein. Das Mädchen, dessen Vater eine Konzertagentur besitzt und dessen Mutter, eine Wienerin, früher als Violinistin gearbeitet hat, ist keine Ja-Sagerin. Ist eigenwillig. Fantasievoll. Liebt das Theater. Die Bühne. Verschlingt Indianer- und Rittergeschichten, liest Victor Hugos »Die Elenden«, Frances Hodgson Burnetts »Der kleine Lord«, Charles Dickens' »David Copperfield« und Alexandre Dumas' »Die drei Musketiere«. Und je mehr sie von alldem liest, umso sicherer und klarer wird ihr Gefühl für historische Zusammenhänge.

Als eine Klassenkameradin ihr kurz vor dem Abschluss der Schule erzählt, dass sie schulfrei hat, um eine Aufnahmeprüfung im Lehrerseminar zu machen, geht Erna

*»Versuchen wir das im Kinde anzusprechen,
was ewig und unzerstörbar ist,
binden wir es damit – ohne viel davon
zu reden – an eine höhere Welt.«*

einfach mit – und im Gegensatz zu ihrer Schulfreundin besteht sie. Abschließen wird sie das Lehrerseminar später nicht, stattdessen besucht sie lieber Gastvorlesungen an der Universität. Sie holt in Abendkursen das Abitur nach und studiert. Da ihre Eltern sie dabei nicht unterstützen können, arbeitet sie neben dem Studium, gibt unter anderem Deutsch- und Geschichtskurse für Arbeiter.

Nach der Prüfung für das Lehramt an höheren Schulen beginnt Erna Stahl 1928 an der Lichtwarkschule zu unterrichten und übernimmt zwei Jahre später nach der pädagogischen Prüfung dort ihre erste Sexta. Die 1921 gegründete Modellschule der Reformpädagogik ist der Gegenentwurf zum humanistischen Gymnasium. Benannt nach dem langjährigen Direktor der Hamburger Kunsthalle, Begründer der Museumspädagogik und der Kunsterziehungsbewegung, Alfred Lichtwark. An der Lichtwarkschule gibt es Koedukation, bewegliche Stühle und Tische, ein den Begabungen und Neigungen entsprechendes Kurssystem, Mitbestimmung, viel Musik, Theater und Kunst, eine Schulzeitung, Klassenreisen und eine Erziehung zur Selbstständigkeit. Eine Schule für Begabte aus allen Teilen der Gesellschaft, die ihre Schülerinnen und Schüler zu aufgeschlossenen und kritischen Menschen erziehen will. Ein Konzept, das den Nazis ein Dorn im Auge ist. 1933 wird Schuldirektor Heinrich Landahl abgesetzt und die Schule nach und nach gleichgeschaltet.

Und Erna Stahl? Begrüßt ihre Klasse weiterhin mit »Guten Morgen, Herrschaften« statt mit dem vorgeschriebenen Hitlergruß. Lädt zu privaten Leseabenden zu sich nach Hause ein. Macht die jungen Menschen mit »Verbotenem« wie Franz Werfel, Georg Kaiser, Thomas

Mann und Hugo von Hofmannsthal vertraut. Als 1933 ein »Führer durch die Ausstellung Entartete Kunst« erscheint, in dem Maler wie Paul Klee, Emil Nolde, Otto Dix, Oskar Schlemmer und Erich Heckel an den Pranger gestellt werden, macht sie ihre Schüler mit ebendiesen Bildern vertraut und organisiert in den Osterferien 1935 eine Klassenreise nach Berlin, wo sie die Originale in den Museen zeigen will. Ein Schritt zu weit: Erna Stahl wird an die Oberrealschule für Mädchen im Alstertal strafversetzt. Immerhin lernt sie dort die Lehrerin Hilde Ahlgrimm kennen – eine Lebensfreundschaft.

Mit ihren Lichtwark-Schülern trifft sie sich weiter. Unter den Jugendlichen sind auch Margaretha Rothe und Heinz Kucharski, deren Widerstandskreis nach dem Zweiten Weltkrieg als Hamburger Zweig der Widerstandgruppe »Weiße Rose« bezeichnet wird und die im November 1943 verhaftet werden. Obwohl sie die Leseabende einstellt, wird auch Erna Stahl wenige Wochen später inhaftiert, 1944 ein zweites Mal. Mehr als zehn Monate Einzelhaft in Hamburg-Fuhlsbüttel, Kälte und Hunger im Frauenzuchthaus Cottbus, Haft in Berlin, Leipzig und zuletzt Bayreuth. Dort verliert Erna Stahl die Sprache. Da sie dennoch eine Aussage machen soll, gibt man ihr Papier. Und da schreibt sie – 20 Seiten Anklage gegen die Nationalsozialisten. Warten auf das Todesurteil. Und dann wie ein Wunder: Am 14. April 1945 wird sie in Bayreuth von den Amerikanern befreit.

Erna Stahl steht sofort wieder auf. Steht sofort wieder vor einer Klasse. Gemeinsam mit Hilde Ahlgrimm übernimmt sie die Leitung der Oberschule für Mädchen im Alstertal, in deren Kollegium mehrere Lehrer der alten Lichtwarkschule sind. Darunter auch Dr. Hilde Meyer-Froebe, die sie mit dem Gedankengut der Waldorf-Pädagogik vertraut macht. Weil Schulbücher fehlen, verfasst Erna Stahl 1947/48 ein eigenes Lehrwerk: »Im Kreislauf des Jahres«, ein Not-Lesebuch, das Werte vermittelt und Hoffnung gibt. Seelennahrung. Ein Jahr später gibt sie noch ein ganz anderes kleines Büchlein heraus: »Jugend im Schatten von gestern«. Aufsätze zu den Themen »Der Blick zurück« und »Schau in die Gegenwart« – ausschließlich von Mädchen geschrieben, denn, das war Erna Stahl wichtig, auch sie werden es sein, die die Zukunft von nun an gestalten.

Erna bekommt das Angebot, die Lichtwarkschule neu zu eröffnen. Man bietet ihr sogar die Leitung der Odenwaldschule in Hessen an. Doch Erna Stahl will etwas anderes: ein eigenes Schulmodell, das Waldorfpädagogik mit Elementen der Lichtwarkschule verbindet. Ein Schulversuch von der ersten Klasse an, zehn Jahre lang und mit der Möglichkeit, danach auf eigenen Wegen zum Abitur zu gehen. Eine Schule mit sehr musischem Ansatz, Epochenunterricht, Fremdsprachen und Instru-

»Wer dieses Maß hat, oder doch als Ziel anstrebt, kann überall – ganz gleich in welchem Beruf, in welcher Partei, in welcher Konfession er einmal stehen will und wird, ein ganzer Mensch sein. Dazu sollten wir erziehen – nicht zum Beruf, nicht zu weltanschaulicher oder politischer Verfestigung. Welcher Art auch immer.«

menten von Beginn an. Keine einseitige, zu frühe Ausbildung des Intellekts, denn – da war sich Erna Stahl sicher – diese Erziehung von den Gefühlen weg trug eine Mitschuld an den Katastrophen der Vergangenheit.

Ende 1949 wird ihr Modellversuch genehmigt und sie gründet die Albert-Schweitzer-Schule, die erste Gesamtschule Hamburgs, die – nach Herauslösung vom gleichnamigen Gymnasium 1969 und Umwandlung zu einer selbstständigen Schule im Gebäude am Schluchtweg – bis heute existiert. Eine Erziehung zu sozialer Verantwortung durch die Ausbildung des ganzen Menschen – mit Kopf, Herz und Hand. Benannt nach dem Pazifisten Albert Schweitzer, der die Schule 1959 besucht und erklärt: »Es ist ermutigend, dass man weiß, es gibt Menschen, die dafür leben und unbeirrbar dafür kämpfen, dass der Geist der tiefen Ehrfurcht vor allem Lebendigen bestimmend wird unter den Menschen.«

Quellen:
Karl Klasen: Ein mutiges Leben. Dank an eine Hamburger Pädagogin. In: Die Zeit vom 15.02.1980.
Kirsten Leppert: Erna-Stahl-Ring. In: Rita Bake: Wer steckt dahinter? Nach Frauen benannte Straßen, Plätze und Brücken in Hamburg. Landeszentrale für politische Bildung. Hamburg 2005.
Die Lichtwark-Schule. Idee und Gestalt. Hg. vom Arbeitskreis Lichtwarkschule. Hamburg 1979.
Ursula Meier (Hrsg.): Erna Stahl – Zeugnisse ihres Wirkens im Hamburger Schulwesen nach 1945 und Betrachtungen aus ihrer späteren Lebenszeit. Hamburg 2010.
Nicole Nocon: Mutige Frauen im Cottbuser Zuchthaus. In: Lausitzer Rundschau vom 09.03.2011.
Hannelore Sengbusch: Die Pädagogin Erna Stahl – Gründerin der Albert-Schweitzer-Schule. Sonderdruck anlässlich des 50-jährigen Bestehens der Albert-Schweitzer-Schule. Hamburg 1999/2000.
Homepage Albert-Schweitzer-Schule:
https://albert-schweitzer-schule.hamburg.de
Homepage Heinrich-Hertz-Schule:
https://hhs.schule-hamburg.de/index.php

IDA EHRE

Schauspielerin
09.07.1900–16.02.1989

Hamburger Adressen: Adolphstraße, Ecke Karlstraße (heute
Hallerstaße 74), Hartungstraße 9–11 (Hamburger Kammerspiele)
In Hamburg von 1939 bis 1989

Theater der Menschlichkeit

»Meiner Mutter verdanke ich eine unendlich schöne Kindheit und viele, viele Tugenden, um deren Einhaltung ich mich mein Leben lang bemühe. Meine Tochter aber ist mein Leben – meine Liebe zu ihr und ihre Liebe zu mir haben mich in den schwärzesten Stunden am Leben erhalten.« Eine Mutterliebe, die nichts gemein hat mit dem Mutterbild der Nazis, zieht sich als Quelle der Kraft auf tröstliche Weise durch das Leben der Ida Ehre.

Mit dem neuen Jahrhundert wird sie 1900 im damaligen Mähren geboren. Ihr Vater stirbt jung. Ihre Mutter geht mit den sechs Kindern nach Wien, arbeitet als Näherin: »Sie hat uns nicht nach Anleitung, nicht nach wissenschaftlich-psychologischen Gesichtspunkten erzogen, sondern ganz einfach nach ihrer Empfindung.« Ida absolviert später die K.u.K.-Akademie für Musik und darstellende Kunst und bekommt erste Engagements. Bielitz, Bukarest, Königsberg, Stuttgart und dann, mit 27 Jahren, Mannheim. Dort lernt sie den Arzt Bernhard Heyde kennen. Nach fast einem Jahr ist Hochzeit. Und die Geburt von Tochter Ruth: die dritte starke Frauen-

»*Sie hat uns zu freien Menschen erzogen, die immer sagen sollten, was sie denken. Wir sollten keine Ja-Sager, keine Duckmäuser werden.*«

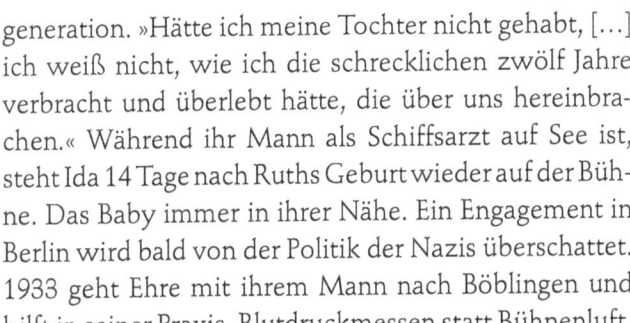

generation. »Hätte ich meine Tochter nicht gehabt, […] ich weiß nicht, wie ich die schrecklichen zwölf Jahre verbracht und überlebt hätte, die über uns hereinbrachen.« Während ihr Mann als Schiffsarzt auf See ist, steht Ida 14 Tage nach Ruths Geburt wieder auf der Bühne. Das Baby immer in ihrer Nähe. Ein Engagement in Berlin wird bald von der Politik der Nazis überschattet. 1933 geht Ehre mit ihrem Mann nach Böblingen und hilft in seiner Praxis. Blutdruckmessen statt Bühnenluft.

Heyde ist Deutschnationaler, ändert erst später seine Sichtweise. 1934 erklärte er Ida, die »Ehre« als Künstlername behält, »er würde mich und das Kind selbstverständlich nicht verlassen, aber als deutscher Mann könne er nicht mehr mit mir intim sein.« Eine offene Ehe. Beim Skifahren in Davos begegnet die damals 34-Jährige dem zwölf Jahre jüngeren Wolfgang, »von da an wurde es ein herrliches Zusammensein. Jedes Wochenende kam er, mein Mann wußte zwar von unserem Verhältnis genau, tat aber so, als wisse er es nicht. Getrennte Schlafzimmer hatten wir von Anbeginn unserer Ehe, weil ich es nicht ertragen konnte, so dicht beieinander zu sein.«

Als 1938 Steine in die Wohnung der Heydes fliegen, fahren sie nach Hamburg und organisieren sich Papiere und ein Visum für Chile. Wolfgang und Heydes Freundin Maria kommen mit. So fährt im August 1939 von Hamburg die MS Roda in Richtung Südamerika ab, wird aber vor den Azoren gestoppt: Der Zweite Weltkrieg ist ausgebrochen und das Schiff muss zurück nach Deutschland. Gestrandet im fremden Hamburg kommen die Heydes im Raphaels-Heim an der heutigen Adenauerallee unter und ziehen später in eine Wohnung

»Hamburg ist unbeschreiblich schön, mit einem Flair wie kaum eine andere Stadt. Ich kenne viele Städte, auch herrliche Städte, aber leben möchte ich nur in Hamburg. Wenn man die Elbe entlanggeht, der Nebel zieht langsam auf, alles wird leicht bläulich in der Luft, hier und da scheint ein Licht, es riecht nach Wasser, die Weite umfängt einen – es ist eine Großstadt und wirkt doch nicht wie eine Großstadt, das ist das Tolle an Hamburg.«

in der damaligen Adolphstraße. Wolfgang wird eingezogen, distanziert sich aus Angst von Ida und heiratet Maria. Erst Jahre nach dem Krieg wird er erneut um Ida Ehre werben, sie erneut lieben und ihr ein Ultimatum stellen, Heyde zu verlassen. Dann wird sie sich endgültig für ein Leben mit Heyde entscheiden. Vielleicht auch, weil der alles tat, um seine Familie zu retten. Im Krieg gilt er als wehrunwürdig, denn er lebt als Mann einer jüdischen Frau, mit der er ein Kind hat, in einer sogenannten privilegierten Mischehe. Ein Schutz auch für Ida. Doch weil ein Kameramann der »Wochenschau« sie zufällig in der Essensschlange filmt, wird sie inhaftiert und sitzt rund sechs Wochen im Gefängnis Fuhlsbüttel, »lächerlich kurz gegen die Leiden, die andere in den KZs durchmachen mußten, aber dennoch waren diese kurzen Wochen für mich lebenslang«.

Ihr Mann wendet sich an einen ehemaligen Mitschüler: den Reichsführer SS Heinrich Himmler. Ida kommt frei. Zurück in der Wohnung, »habe ich als erstes meine Tochter gehört, wie sie im Zimmer nebenan vor sich hingeträllert hat. Und mein Bild war auf dem Tisch, und um das Bild hatte sie so kleine Blumen gelegt. Sie konnte nicht wissen, daß ich komme, sie hatte das all die Tage und Wochen so aufgebaut. Ich habe gerufen ›Sonnele!‹. Sie hat mich natürlich sofort an der Stimme erkannt. Sie ist hinausgekommen mit einem Schrei ›Mutti!‹. Diesen Schrei gibt es nicht noch einmal, den kann kein Schauspieler nachmachen. Eigentlich hätte man da zusammenbrechen müssen, so ungeheuerlich war das. Das also war mein Willkommen in der Freiheit, 1943, als noch überall Unfreiheit herrschte.«

Mutter und Tochter, die sich finden. Und Mutter und Tochter, die sich verlieren. Immer wenn Ida ihre Mutter in Wien anruft, sagt diese: »Mach dir keine Sorgen, Gott hat einen größeren Kopf, mein Kind. Sorg du dich doch nicht um das, was werden wird. Das wird schon zu Ende gehen.‹ Sie hat mir den Mut gegeben, immer daran zu glauben, daß es vorbeigeht, und daß ich vielleicht überlebe. Meine Mutter hat es nicht überlebt.« Sie wird in Theresienstadt umgebracht. Ihre letzten Zeilen lauten: »Mein geliebtes Kind, die Welt kann nur miteinander leben, wenn das Wort Liebe großgeschrieben ist. Liebe und Toleranz – nicht hassen, nur lieben.«

Dann das Kriegsende und sogleich ein Engagement am Deutschen Schauspielhaus. Kollegen fragen, wie sich Ida das Theater der neuen Zeit vorstellt. Ihr Traum: ein Theater der Menschlichkeit. Mithilfe des britischen Theateroffiziers John Olden bekommt sie die Chance, mit den Hamburger Kammerspielen ebendieses Theater zu schaffen. Zwar fehlt es an Brennholz, Strom, Kostümen ... Doch nie an Mut und Schaffenskraft. Es gibt einen großen Nachholbedarf. Und so viele Stücke, die noch niemand kennt: Jean Anouilh, T. S. Eliot, Jean-Paul Sartre und Thornton Wilder ... Und: Wolfgang Borchert. Ehre überredet den totkranken jungen Autor, aus »Draußen vor der Tür« ein Bühnenstück zu machen. Ein Meilenstein der Kammerspiele. Wenige Tage vor der Premiere im November 1947 stirbt Borchert. 1983 wird Ida Ehre, die später erste Ehrenbürgerin Hamburgs wird, im Rahmen der Veranstaltung »Künstler für den Frieden« zweimal vor 25.000 Menschen im St.-Pauli-Stadion an die Gräuel des Krieges erinnern. Mit seinen Worten. Und wieder sind es die, denen sie so viel Kraft und Mut zutraut, an die sie sich wendet: »Mütter in der Welt, wenn sie morgen befehlen, ihr sollt Kinder gebären, Krankenschwestern für Kriegslazarette und neue Soldaten für neue Schlachten. Mütter in der Welt, dann gibt es nur eins: Sagt ›Nein‹!«

Quellen:
Ida Ehre: Gott hat einen größeren Kopf, mein Kind ... Reinbek bei Hamburg 1988.
Ida Ehre in einem Interview des Abendjournals im NDR Hörfunk am 02.05.1984.
Ida Ehre/Sepp Schelz: Zeugen des Jahrhunderts. Ida Ehre. Berlin 1999.
Interview mit Ida Ehre. Deutsche Welle. 1982.
Verena Joos: Ida Ehre. »Mutter Courage des Theaters«. München 1999.
Liebeserklärung an eine alte Dame. Helmut Schmidt zur Ehrenbürgerschaft. In: Die Zeit vom 04.10.1985.
Nicht hassen, nur lieben. Walter Jens zum Tode Ida Ehres. In: Die ZEIT vom 24.02.1989.
Homepage des Ida-Ehre-Kulturvereins: www.ida-ehre-kulturverein.de

HEIDI OETINGER

Verlegerin
19.11.1908–05.10.2009

*Der Friedrich Oetinger Verlag war über die Jahre ansässig
im Pressehaus in der Innenstadt, danach in Wellingsbüttel und
seitdem in Duvenstedt.
In Hamburg von 1908 bis 2009*

Von Pippi Langstrumpf verzaubert

Die erste Superheldin der Kinderliteratur kommt aus Hamburg-Duvenstedt. Da, wo die Stadt aufhört zu lärmen. Wo sich Reiterhöfe in eine leicht hügelige Weiden- und Wiesenlandschaft betten. Und die Wälder groß und dicht sind. Ein bisschen Schweden im Norden der Stadt. Und da kommt sie ja eigentlich her, diese wunderbar wilde Pippi Langstrumpf. Entdeckt hat sie Friedrich Oetinger, als er 1949 auf Einladung eines Freundes nach Schweden reist und dort Termine mit schwedischen Verlagen wahrnimmt. Dort wird er auf Astrid Lindgren und ihre Pippi aufmerksam gemacht. Ihr Meisterwerk ist in Schweden umstritten. Und wurde in Deutschland bereits von mehreren Verlagen abgelehnt. Aber die kleine Heldin berührt eben das Herz, erinnert sich später Heidi Oetinger, die sich von Anfang an für den Erfolg des Kinderbuches engagierte: »Wir saßen in einem kleinen Kreis zusammen, lauschten fasziniert Pippis Abenteuern und waren begeistert.«

Heidi Oetinger, die Frau mit den wachen, klaren braunen Augen, wirkt auf Fotos mütterlich-gütig und zielstrebig zugleich. Sie selbst verliert ihren Vater 1915 im Ersten Weltkrieg und findet als Kind Glück und Trost, als sie am Weihnachtsabend desselben Jahres Johanna Spyris' »Heidi« geschenkt bekommt: »Ach, hab ich das Buch geliebt und immer wieder neu gelesen.« Viele weitere Bücher leiht sie sich bei der Nachbarstochter aus. Verschlingt Märchen von Andersen, Hauff

und Grimm. Und hat eine junge Lehrerin an der Volksschule in Hamburg-Barmbek, die ihre Schülerinnen beim Rezitieren von Gedichten fördert und mit ihnen Klassiker liest. Nur eigene Bücher sind zu teuer: »Meine Mutter musste uns mit ihrer Hände Arbeit durchbringen. Später in meinen Jugendjahren bin ich eine eifrige Bibliotheksleserin geworden. Ich habe mich quer durch die Weltliteratur gelesen.«

Im Zweiten Weltkrieg wiederholt sich das Schicksal. Heidis Mann, Alfred von Hacht, fällt 1943. Mit gerade einmal 35 Jahren ist sie Witwe, ihre zwei Jahre alte Tochter Silke Waise. In den Bombennächten verlieren die beiden auch ihre Wohnung. Stehen wie viele vor dem Nichts. Da Heidi von Hacht vor ihrer Hochzeit jahrelang in einer Anwaltskanzlei als Chefsekretärin gearbeitet hat, sucht sie nach dem Krieg einen Job – und findet ihn 1948 im zwei Jahre zuvor von Friedrich Oetinger gegründeten Verlag Friedrich Oetinger. Eigentlich auf wirtschafts- und sozialwissenschaftliche Bücher spezialisiert, veröffentlicht er 1948 den »Kinderknigge« von Anton Tesarek – der erste erfolgreiche Schritt in Richtung Kinderbuchverlag.

Den Verleger wird Astrid Lindgren später einmal in Erinnerung an ihre erste Begegnung so beschreiben: »…ein sanftmütig blickender, braunäugiger, freundlich lächelnder Mann, der Franz Schubert auffallend ähnlich sah. Nach einem besonders erfolgreichen Verleger sah er nicht gerade aus.« Musste er auch nicht. Denn er hat Heidi von Hacht an seiner Seite, die sich bald schon um die kaufmännischen Belange kümmert. Klug kalkulierend. Und doch mit Herz und Hingabe.

Ihre Liebe zum Kinderbuch bringt sie einander nä-

*»Wir haben uns auch vernetzt,
hatten weniger Scheu vor gemeinsamen
Aktionen als die Männer.«*

her. So wird 1952 aus Heidi von Hacht Heidi Oetinger. Und aus dem Verlag ein innovativer, engagierter Kinderbuchverlag. Zeitweise in der gemeinsamen Wohnung in Hamburg-Wellingsbüttel in der Küche und im Keller, wo sich die Bücher stapelten. Von 1960 an dann im Verlagshaus in der Poppenbütteler Chaussee 53 in Duvenstedt. Eine umgebaute Apfelscheune, deren Garten früher eine Apfelplantage war. Mit dem Buch, später auch mit einer großen Pippi-Langstrumpf-Puppe, fährt sie auf die Frankfurter Buchmesse. Denn Heidi Oetinger kümmerte sich nicht nur um die Finanzen, sondern auch um Marketing und Vertrieb, um Lektorat und die Betreuung der Autoren. Obwohl Pippi Lehrern und Eltern ein Dorn im Auge ist, lieben die Kinder ihre Abenteuer. Und wenn Tochter Silke Geburtstag feiert, wollen am liebsten alle eingeladen sein, denn bei den Oetingers wird dann aus neuen Manuskripten vorgelesen.

Rasch entwickelt sich eine enge Freundschaft mit Astrid Lindgren. Ihre Heldinnen und Helden erobern von Duvenstedt aus Deutschland: Michel, Madita, Kalle Blomquist, die Brüder Löwenherz, Ronja Räubertochter, Rasmus, Lotta aus der Krachmacherstraße … Und immer mehr große schwedische Autorennamen kommen hinzu, darunter Gunilla Bergström mit »Willi Wiberg«, Sven Nordqvist mit »Pettersson und Findus«, Jujja Wieslander mit »Mama Muh«. Zu den bekanntes-

HEIDI OETINGER

ten deutschsprachigen Autoren des Verlages werden James Krüss, Paul Maar, Erhard Dietl, Christine Nöstlinger und Kirsten Boie. Im 1971 von Oetinger übernommenen Dressler Verlag publizieren Autoren wie Erich Kästner, Cornelia Funke und Sabine Ludwig.

Ende der 1960er-Jahre zieht sich Friedrich Oetinger allmählich aus dem Verlag, in dem Tochter Silke bereits als Lektorin arbeitet, zurück. Heidi Oetinger übernimmt das Ruder. Sie vernetzt sich mit den wenigen Frauen der Verlagsbranche. Pflegt wie kaum eine andere den Kontakt zu ihren Autoren. Und sie gibt nicht auf, als sie spürt, dass ihr Mann sich nicht nur aus dem Verlag, sondern auch aus dem gemeinsamen Leben zurückzieht. »Als er dann schließlich auch aus dem Haus ging, wegen einer 20 Jahre jüngeren Frau, war das sehr bitter«, erinnert sie sich 2008 in einem Interview. Danach verteilte sie die Rollen neu. Gründet eine GmbH. Überträgt Tochter und Schwiegersohn mehr Verantwortung, die später auf die Enkelgeneration übergehen wird. Übernimmt nach dem Cecilie Dressler Verlag 1976 auch den Atrium Verlag in Zürich. Wird 1988 vom schwedischen König wegen ihrer Verdienste um die

»In meinen Schuljahren ist das leidenschaftliche Lesen geweckt worden, sind im Grunde genommen die Anfänge für meinen Verlegerberuf gelegt worden. Auch die Klassiker der großen Literatur lernte ich noch in der Schulzeit kennen.«

schwedische Literatur zum Ritter erster Klasse des Königlich Schwedischen Nordsternordens ernannt. Und im Mai 2009 für ihr Lebenswerk mit dem Verdienstkreuz 1. Klasse der Bundesrepublik Deutschland ausgezeichnet.

Kein Jahr vor ihrem Tod verrät sie im Interview das Geheimnis ihres hohen Alters: die Arbeit – »Wer arbeitet, der hat wenig Zeit, sich Gedanken ums Kranksein zu machen« – und die Literatur: »Wer liest, hat immer mehrere Leben, nämlich in Büchern.« Heidi Oetinger haben wir viele dieser Leben zu verdanken.

»Sicher, ich will immer beweglich sein. Als das Autofahren nicht mehr ging, habe ich zum Beispiel im Urlaub den Postbus genommen – was glauben Sie, was man da alles für schöne Touren machen kann!«

Quellen:
Paul Theodor Hoffmann: Ein Stück Kinderbuchgeschichte. In: Hamburger Abendblatt vom 19./20.11.1988.
»Ich bin schließlich Ritterin«. Interview mit Heidi Oetinger im Börsenblatt 45/2008, S. 32 ff.
Regine Ley: Pippis Patentante. In: Lübecker Nachrichten vom 11./12.04.2004.
Heidi Oetinger wird 100. In: BuchMarkt, November 2008.
Heidi Oetingers Lieblingsbuch. In: Süddeutsche Zeitung 2001.
Maria Orth: Mit »Pippi Langstrumpf« zum Erfolg. In: Hamburger Abendblatt vom 18.11.1983.
Homepage des Verlages Friedrich Oetinger: www.oetinger.de

MARION GRÄFIN DÖNHOFF

Journalistin
02.12.1909–11.03.2002

Hamburger Adressen: Am Pumpenkamp in Blankenese (Wohnhaus),
Speersort 1 in der Innenstadt (Redaktion der Wochenzeitschrift
Die Zeit)
In Hamburg von 1946 bis 2002

Die zwei Leben der Gräfin

Der Pumpenkamp ist eine schmale Straße am Hang. Nicht weit von Schinkels Park, Goßlers Park, Treppenviertel und dem S-Bahnhof Blankenese entfernt. Alte Bäume. Schmucke Einfamilienhäuser. Kinder in Daunenjacken rennen über den Bürgersteig. Vorbei an einem kleinen Haus, das einmal ihr gehört hat: Marion Gräfin Dönhoff. Man kann sich noch vorstellen, wie Dackel Felix durch den Garten wuselt. Die Haushälterin, Frau Ellermann, in der Küche mit dem Geschirr klappert. Und die Gräfin, nach ihrem Tag in der Zeit-Redaktion, am Schreibtisch sitzt und in den Garten schaut. Auf die kleine Terrasse, die Rhododendronbüsche und die spielenden Kinder der Nachbarn. Und wie sie dann im Kamin das Feuer entfacht. Sich ein Glas Cognac einschenkt und aus der Schublade eine Tafel Schokolade zieht. Ein Ritual, abends im Salon. Ein Ess-, Wohn- und Arbeitszimmer, an den Wänden Bilder von Hundertwasser. Und Bücher. Viele Bücher. – Manchmal saß auch ihr Großneffe Friedrich bei ihr und sie lasen Zeitung. Oder gingen in die erste Etage, wo im Gästezimmer der Fernseher stand. Lange noch ein Modell in Schwarz-Weiß.

Wie war sie, diese alte, ewig junge, diese große Dame des Journalismus? Friedrich Dönhoff lächelt. »Sie war ein sehr geistiger Mensch, glaubte an eine höhere Ordnung. Und sie wollte ihre Zeit nutzen.« Wir sitzen in einem Café in Ottensen. Friedrich Dönhoff, Jahrgang 1967, Krimiautor, wohnte als Schüler während eines Praktikums zum ersten Mal bei seiner Großtante. Später machte er Zivildienst in Hamburg, studierte dort und nahm sich seine eigene Wohnung. Doch die Freundschaft mit der »Gräfin«, wie sie mit liebevollem Respekt bei der »Zeit« genannt wurde, blieb. Später schreibt er ein Buch über sie. Und sitzt im Vorstand der Marion Dönhoff Stiftung. »Richtig vertraut war sie nur mit der Familie«, sagt er. »Ansonsten war sie nah in der Distanz, aber in der Nähe distanziert.«

Sie sah auch als alte Dame sehr gut aus. Liebte es, mit 90 Sachen im Porsche über die Elbchaussee zu sausen. Hasste es, zu warten. Trug ihre Kleidung auf, hatte aber immer Geld für Obdachlose in der Tasche und unterhielt sich ebenso interessiert mit ihnen wie mit den großen Staatsmännern der Welt. Sie verehrte Willy Brandt und Helmut Schmidt. Sie lachte über Loriot, Pumuckl und die Mainzelmännchen. Und sie liebte die Natur, »vor allem in der Landschaft, die hinter Blankenese am Klövensteen beginnt. Wegen der Weite. Vielleicht auch wegen der Pferde. Sie sagte immer, es erinnere sie an die Landschaft Ostpreußens.«

»Meine Familie war ja immer sehr in die Welt einbezogen, Eltern und Geschwister waren oft in Berlin. Wir kannten alle Leute, Künstler und Schauspieler auch, und lebten dort ganz in dieser kulturellen Welt. Es gab also nicht den Kontrast: hier der Acker, dort die Kultur. Beides war bei uns auf natürliche Weise vereint.«

»Wenn ich an die Wälder und Seen Ostpreußens denke, an die weiten Wiesen und alten Alleen, dann bin ich sicher, dass sie noch genauso unvergleichlich schön sind wie damals, als sie mir Heimat waren. Vielleicht ist dies der höchste Grad der Liebe: zu lieben, ohne zu besitzen.«

Ostpreußen – das erste Leben der Gräfin. Dort wird sie 1909 auf Schloss Friedrichstein, 20 Kilometer östlich von Königsberg geboren. Ihre Mutter, einst Hofdame der Kaiserin Auguste Victoria, ist da bereits 40 Jahre alt. Ihr Vater, Diplomat und Politiker, Mitte 60. Marion ist die jüngste von acht Geschwistern. Sie ist zehn Jahre alt, als ihr Vater stirbt. Und 15 als sie 1924 einen Autounfall überlebt, bei dem ihre Cousine und ein Freund sterben. Sie besucht ein Mädchenpensionat in Berlin, später als einziges Mädchen ein Gymnasium für Jungen in Potsdam und eine Haushaltsschule in der Schweiz. 1929 erlebt sie in Berlin eine Rede Hitlers und sagt später, »auf mich wirkte er grauenhaft. Seine Argumente fand ich absolut irrsinnig. Aber das Publikum jubelte ihm zu. Da habe ich gesagt, mit dieser Partei will ich nichts zu tun haben.«
1931 beginnt die Comtesse, die Reisen quer durch Europa, die USA und Afrika unternimmt, ein Studium der Volkswirtschaftslehre und promoviert 1935 in Basel mit summa cum laude. Ab 1939 übernimmt sie die Verwaltung der Familiengüter und unterstützt den Widerstand gegen Adolf Hitler. Später wird sie maßgeblich dafür ver-

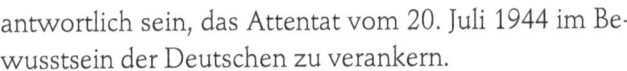

antwortlich sein, das Attentat vom 20. Juli 1944 im Bewusstsein der Deutschen zu verankern.

Dann der kalte Januar 1945. Die Flucht vor der Roten Armee. Auf ihrem Trakehner-Fuchs Alarich 1200 Kilometer gen Westen. Über das zugefrorene Haff. Vorbei an Marienburg, Schloss Varzin, Festung Kolberg, Nogat, Weichsel, Oder und Elbe: »Schritt für Schritt geht es weiter durch die eisigen Schneestürme des Ostens. Die Nächte gehen dahin auf den Landstraßen an Feuern oder in den Scheunen verlassener Höfe, und der dämmernde Morgen bringt immer das gleiche Bild. Kinder sterben, und Alte schließen die Augen, in denen angstvoll die Sorgen und das Leid von Generationen stehen.« – Im Westen stellt sie Alarich auf einem Gestüt in Westfalen unter. Nie wieder wird sie auf ein Pferd steigen. Im Alter von 35 Jahren beginnt ihr zweites Leben.

Für den Chef der britischen Besatzungszone verfasst sie als Einschätzung der Lage ein Memorandum, das durch Zufall vier Männern in die Hände fällt, die gerade die Lizenz zur Herausgabe der Wochenzeitschrift »Die Zeit« erhalten haben. »Sie fanden offenbar meine Argumente einleuchtend und den Stil gut; so erhielt ich ein Telegramm, ich solle nach Hamburg kommen, um über Mitarbeit zu verhandeln. Das Verhandeln dauerte eine halbe Stunde und ich war fest angestellt«, erinnert sich die Gräfin später in der Rede, die sie hält, als sie 1999 Ehrenbürgerin Hamburgs wird. Und sie erinnert sich an Hamburg, »ein riesiger Trümmerhaufen. 80 Prozent aller Wohnungen waren total zerstört, der Hafen tot, 90 Prozent aller Kaimauern und Schuppen und 80 Prozent aller Kräne zertrümmert. Man sah kein Schiff auf der Elbe, nur die Schornsteine gesunkener Schiffe ragten aus

81

dem Wasser. (…) Ich habe also die Auferstehung Hamburgs von der Stunde null an miterlebt.« Und sie hat in mehr als 20 Büchern und Hunderten von Artikeln die Weltgeschichte klug und kenntnisreich dokumentiert. 1952 wird Marion Dönhoff Leiterin des Politikressorts, 1968 Chefredakteurin und 1973 Herausgeberin der »Zeit«. 1989 kehrt sie zum ersten Mal in die Heimat zurück, besucht Friedrichstein (heute Kamenka) und Königsberg (Kaliningrad). Ihr Zuhause aber ist Hamburg.

Marion Dönhoff bleibt bis an ihr Lebensende als Journalistin aktiv. Noch mit über 90 Jahren fährt sie täglich in ihr Büro, unternimmt Reisen. Nach kurzer Krankheit stirbt sie im Alter von 92 Jahren.

Und was wurde aus ihrem Haus am Pumpenkamp? Friedrich Dönhoff lächelt: »Ein wunderbarer Zufall: Das kaufte eines der inzwischen erwachsenen Kinder der Nachbarn. Das hätte Marion sicherlich gut gefallen.«

Quellen:
Gespräch mit ihrem Großneffen und Biografen Friedrich Dönhoff im November 2018.
Friedrich Dönhoff: Die Welt ist so, wie man sie sieht. Erinnerungen an Marion Dönhoff. München 2004.
Marion Gräfin Dönhoff: Zeichen ihrer Zeit. Zürich 2013.
Marion Gräfin Dönhoff: Kindheit in Ostpreußen. München 1998.
Marion Gräfin Dönhoff: Um der Ehre Willen. Erinnerungen an die Freunde vom 20. Juli. Berlin 1994.
Marion Gräfin Dönhoff: Was mir wichtig war. Letzte Aufzeichnungen und Gespräche. Berlin 2002.
Alice Schwarzer: Marion Dönhoff. Ein widerständiges Leben. Neuausgabe. Köln 2008.
Homepage der Marion Dönhoff Stiftung: www.marion-doenhoff.de

HEIDI KABEL

Schauspielerin
27.08.1914–15.06.2010

Hamburger Adressen: Große Bleichen 30, Steinstraße, später
Binderstraße, Bahrenfeld, Nienstedten, zuletzt Othmarschen
In Hamburg von 1914 bis 2010

Ein Leben für die Bühne

»Heidi, du aber nicht!«, ruft die Mutter ihr noch hinterher, als Heidi Kabel ihre Freundin Eva 1932 zum Vorsprechen zur »Niederdeutschen Bühne« begleitet. Eva will Schauspielerin werden. Heidi nicht. Sie träumt von einer Karriere als Pianistin. Nimmt Unterricht. Übt bis zu acht Stunden am Tag. Eiserne Disziplin, die sie ihr Leben lang begleitet. Geschürt durch die Strenge der Mutter. »Alles, was einen bewegte, hatte man herunterzuschlucken. Still mit sich selbst abzumachen«, wird Heidi später über sie sagen. Der Vater, Druckereibesitzer in der Straße Große Bleichen 30, ist das Gegenteil. Für jeden Spaß zu haben, fördert er das Brauchtum und tritt als Rezitator plattdeutscher Geschichten unter anderem im Hamburger Conventgarten auf. Dort sieht Heidi den Schauspieler Hans Mahler zum ersten Mal auf der Bühne. Und beginnt für ihn zu schwärmen.

Hans Mahler ist es auch, dem Heidi bei Evas Versuch, Dr. Richard Ohnsorg vorzusprechen, begegnet. »Keiner von uns beiden wusste damals, dass wir fünf Jahre später heiraten würden. Ich war 17 und er 31«, erinnert sie sich später. »Dieser Tag im März 1932 gab meinem Leben die entscheidende Wende.« Denn nicht Eva, sondern Heidi wird von Ohnsorg entdeckt. Sie hängt die Pianistinnen-Karriere an den Nagel, dient sich hoch, arbeitet hart im Ensemble mit.

Der Beginn einer Karriere. Und einer großen Liebe. Für eine Hochzeit aber fehlt die finanzielle Grundlage.

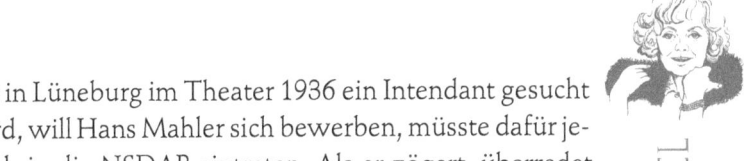

Als in Lüneburg im Theater 1936 ein Intendant gesucht wird, will Hans Mahler sich bewerben, müsste dafür jedoch in die NSDAP eintreten. Als er zögert, überredet Heidi ihn: »Um ihm meine Verbundenheit zu zeigen, trat ich in die NS-Frauenschaft ein. Für mich war dieser Beitritt zu einer NS-Organisation nichts weiter, als wenn ich irgendeinem Verein beigetreten wäre.« Die Stelle bekommt Mahler nicht. Zu nah liegen die Daten der Bewerbung und seines Parteibeitritts beieinander.

Dennoch heiratet Hans Mahler seine »Heidi-Schnut«, wie er sie nennt. Im April 1937. »Ich war selig und auch ein bisschen stolz. Der Mann, für den ich geschwärmt und in den ich mich dann verliebt hatte und ohne den ich nicht mehr leben wollte, führte mich zum Standesamt. Mein privates Happyend war da.« Ein eigener Haushalt, die beiden Söhne Jan Rasmus (1938) und Heiko Richard (1942), zugleich die geliebte Arbeit auf der Bühne folgen. Doch ist das glückliche Ende auch der Beginn eines schrecklichen Anfangs. Der Zweite Weltkrieg – und mit ihm das Aufflackern der Realität. Nicht erst an dem Tag, an dem Heidi Kabel mit Hans Mahler und den Söhnen vom Wochenendhaus der Eltern in der Heide nach einem Bombenangriff zu Fuß ins zerstörte Hamburg läuft: »Jeder von uns hatte einen Jungen auf dem Arm, Taschentücher vor Nase und Mund gebunden, so kletterten wir über Trümmer und Leichen.« Und nicht erst an dem Abend, an dem der Schriftsteller Wolfgang Borchert die Familie in Hamburg besucht und von Dingen spricht, die ihr Angst machen, »Angst, die langsam in mir hochkroch und mir wie ein Kloß im Halse stecken blieb. Unfassbares berichtete Borchert von Grausamkeiten, die er mit eigenen Augen gesehen hatte.«

»Was Männer nicht können, schaffen Frauen: Sie können Beruf und Familie koordinieren. Das haben ihnen schon ihre Großmütter vorgemacht, in Kriegs- und Notzeiten. Die Großmütter waren jedoch keine Karrierefrauen, sie machten nur manchmal eine Karriere aus der Not, der sie auf andere Weise gar nicht entrinnen konnten.«

1944 kommt Tochter Heidi zur Welt. Wenig später wird Hans Mahler noch als Soldat in den Krieg geschickt. Heidi Kabel arbeitet im Theater, füllt dort mit den Kollegen Viehfutter in Säcke. Die Kinder nimmt sie mit. Dann das Kriegsende und die ersehnte Rückkehr ihres Mannes. Sofort stürzen sie sich in Arbeit, planen den Neubeginn der »Niederdeutschen Bühne« und wollen das Konzept Dr. Richard Ohnsorg vorstellen. Doch der empfängt sie mit ganz anderen Worten: »Kinners, es tut mir furchtbar leid, aber ihr könnt nicht proben, die Kollegen haben sich geweigert, sie wollen nicht mehr mit euch auf der Bühne stehen.«

Später wird Heidi Kabel über diesen Moment sagen: »Ich war durch diesen Schock endgültig erwachsen geworden. Vertrauen, Ideale, Freundschaft, Kollegialität, alles war innerhalb weniger Minuten zerfallen.« Schließlich waren sie nicht die einzigen Parteimitglieder gewesen. Und jeder im Ensemble wusste über die Beweggründe. In Heidi Kabel wächst der Mut der Ver-

HEIDI KABEL

zweiflung. Sie geht tingeln, zieht mit anderen Künstlern übers Land, tritt in Gasthöfen auf und wird mit Naturalien bezahlt: Schinken, Brot, Eier … So hält sie die Familie über Wasser. Hans Mahler, von der Zurückweisung des Ensembles besonders tief getroffen, bleibt als Hausmann bei den Kindern. Irgendwann trauen sich die beiden dann doch ins Ohrix-Haus an der Esplanade, sprechen bei dem für die Rechte der Theaterkammer zuständigen britischen Besatzungsoffizier vor – und erfahren, das nichts, rein gar nichts, gegen sie vorliegt …

Ein Neubeginn an der »Niederdeutschen Bühne«, die inzwischen in »Ohnsorg-Theater« umbenannt worden ist und deren neuer Intendant bereits 1949 Hans Mahler heißt. Und doch Unbehagen und lange noch die nagende Frage, wer im Ensemble die Intrige gesponnen hat. Auf der Bühne merkt man ihr nichts an. Ihre Karriere nimmt Fahrt auf. Besonders seit in den 1950er-Jahren die Stücke bundesweit im Fernsehen übertragen werden. Heidi Kabel, die Ikone. Mehr als 200 Stücke laufen in den Jahrzehnten darauf im TV: »Tratsch im Treppenhaus«, »Opa wird verkauft« oder »Das Hörrohr« …

Zu Hause ganz Mutter, auf der Bühne ein Vollprofi. Auch als ihre Kinder ihr 1970 in einer Theaterpause die Nachricht vom Tod Hans Mahlers überbringen. »Ich erstarrte und brachte kein Wort heraus.« Doch dann geht sie zurück auf die Bühne, spielt auch noch den dritten Akt zu Ende, »um Zeit zu gewinnen. Zeit dafür, den Gedanken zu realisieren, den Gedanken: Mein Mann ist tot«.

Disziplin und Perfektion. Herz und Hilfsbereitschaft: Heidi Kabel wird ihren Mann um 40 Jahre überleben. Sie engagiert sich für Hilfsprojekte, nimmt nie ein Blatt vor den Mund und steht noch bis zu ihrem Bühnenabschied am Silvesterabend 1998 auf der Ohnsorg-Bühne. Ihren letzten Auftritt hat sie 2007 an der Seite ihrer Tochter Heidi im Kinofilm »Hände weg von Mississippi«. Damals lebte sie bereits seit 2003 in einer Seniorenresidenz in Hamburg-Othmarschen. Drei Jahre später, im Juni 2010, stirbt Heidi Kabel.

Ihre Trauerfeier im Michel wird live im Fernsehen übertragen, ein Chor singt »In Hamburg sagt man Tschüss« und auf dem mit Rosen und Rittersporn geschmückten Kranz ihrer Kinder steht ein letzter Gruß auf Plattdeutsch: »Slaap goot, din Kinner«. Ihre letzte Ruhe findet Heidi Kabel neben ihrem Ehemann auf dem kleinen Friedhof in Nienstedten.

»Ich wünsche mir vom Schicksal, möglichst bis zur letzten Minute meines Lebens auf der Bühne zu stehen und meinem Publikum Freude zu geben. Den Älteren unter uns möchte ich damit signalisieren, dass Aktivität Lebensqualität bringt und die wirksamste Medizin gegen das Altern ist. Deshalb möchte ich auf der Bühne bleiben, bis der letzte Vorhang fällt, bis es heißt: Endstation.«

Quellen:
Heidi Kabel: Manchmal war es nicht zum Lachen. Hamburg 1979.
Heidi Kabel: Wo sind nur die Jahre geblieben?, Hamburg 1991.
»Mensch, Mami!«. In: Hinz&Kunzt, Nr. 258/August 2014.

FELICITAS KUKUCK

Komponistin
02.11.1914–04.06.2001

Hamburger Adressen: Loogestieg 13 in Eppendorf (als Kind),
Wiesendamm in Winterhude (nach dem Zweiten Weltkrieg),
Am Hang in Blankenese (ab 1948)
In Hamburg von 1914 bis 1933 und von 1946 bis 2001

Die Liebe leben

»Es führt über den Main / eine Brücke von Stein. / Wer darüber will gehn, / muss im Tanze sich drehn. / Fa la la la la, fa la la la.« – Generationen singen dieses Lied. Der Text aus dem Mittelalter. Die Melodie von ihr: Felicitas Kukuck. Eine ihrer über 1000 Kompositionen. Geschrieben in den 1950er-Jahren. Womöglich in ihrem Haus im Treppenviertel von Blankenese. Kaum Straßen, aber 5000 Stufen. Und der Blick, weit über die Elbe, bis hinüber ins Alte Land.

Ihre Liebe zur Musik beginnt früh. Felicitas' Vater, der Physiologe Prof. Dr. Otto Cohnheim, lehrt in Hamburg an der medizinischen Fakultät. Wegen seiner jüdischen Abstammung ändert er 1916 den Familiennamen von Cohnheim in Kestner. Felicitas' Mutter Eva, ausgebildete Sängerin, kümmert sich liebevoll um die vier Kinder. Noch bevor Felicitas als Zehnjährige Klavierunterricht bekommt, entdeckt sie die Musik, singt Verse aus Bilderbüchern. In den ersten Schuljahren ist sie zwischen Mitschülerinnen aus reichen Häusern eine Außenseiterin, die es mag, wenn die Lehrerin erzählt – »die biblischen Geschichten aus den Büchern Mose. Die Schöpfungsgeschichte und auch die zweite vom Paradies«. Später werden es auch diese Geschichten sein, die sie inspirieren.

Als Felicitas nach dem Abitur 1935 Schulmusikerin werden will, erfährt sie, dass sie auf der Hochschule für Musikerziehung und Kirchenmusik in Berlin ihre ari-

sche Abstammung nachweisen muss. Sie verwirft die Pläne, will aber in Deutschland bleiben – »im Lande Bachs und Mozarts und Brahms und Schuberts«. Felicitas geht an die Berliner Musikhochschule, wo sie 1936 nach bestandener Privatmusiklehrerprüfung Unterrichtsverbot bekommt und weiterstudiert: in der Kompositionsklasse Paul Hindemiths, der sich neu mit klassischen Formen wie Sinfonie, Sonate und Fuge auseinandersetzt und deshalb bei den Nazis verpönt ist. Kurz nachdem Hindemith in die Schweiz emigriert, besteht Felicitas im Sommer 1939 ihre künstlerische Reifeprüfung – trotz aller Mahnungen auch mit einem seiner Stücke.

Dann der Zweite Weltkrieg. Felicitas, die inzwischen mit ihrem Freund Dieter Kukuck zusammenlebt, wird 1939 durch ein Gesetz gezwungen, ihren alten Familiennamen wieder anzunehmen. Dieter weiß Rat: Er hat »ohne mein Wissen das Aufgebot bestellt. So war er: mutig, umsichtig, tatkräftig handelnd aus Liebe!« Nach der Geburt von Sohn Jan wird Dieter als Ingenieur zur Marine eingezogen. Felicitas und Jan bleiben in Berlin. Doch nicht alleine, denn eine Jüdin bittet um Asyl. Felicitas nimmt die Frau, die vor der NS-Zeit Lehrerin an der Talmud Tora Schule in Hamburg war, bei sich auf. Harte Zeiten. Zuletzt endlose Nächte im Luftschutz-

»Vor allem der Musikunterricht war großartig und anregend. Ich wurde im Oberstufenchor aufgenommen, weil ich mich sogleich darum bewarb.«

> »*Überhaupt stand zeitlebens ein Glückstern über mir. Hindemith war ein großartiger Lehrer.*«

keller. Im November 1945 endlich die Rückkehr nach Hamburg. Zu Dieter – »und nun lagen wir uns lachend und weinend in den Armen! In der Nacht, die darauf folgte, erwuchs in mir Familienzuwachs. Dass es gleich zwei kleine Mädchen werden würden, hatten wir damals nicht für möglich gehalten.«

Margret und Irene – wenige Wochen vor ihrer Geburt finden die Kukucks am Wiesendamm ein Zimmer. Ein kleines Zuhause. Ein verstimmtes Klavier. Und immer wieder neue Kompositionen. Bevor Ende 1948 Sohn Thomas geboren wird, zieht die Familie ins Untergeschoss von Dieters Elternhaus: »Ich war ganz selig, als ich vor dem Blankeneser Haus stand! Dies war unsere neue Heimat! Ein eigenes Haus mit einem großen Garten!« In diesem Haus wohnt Thomas, der jüngste Sohn, noch heute mit seiner Familie. Und auch Dr. Margret Johannsen, eines der Zwillingsmädchen und heute Wissenschaftlerin am Institut für Friedensforschung und Sicherheitspolitik an der Universität Hamburg, lebt im Treppenviertel, mit dem sie wunderbare Kindheitserinnerungen verbindet: »Wir waren immerzu draußen, lernten die Mauern hoch- und runterzuklettern und liefen viel an den Strand. Für meine Mutter war das toll, wir gingen ihr nie auf den Wecker.« Und sie hatte Zeit für ihre Musik, komponierte unermüdlich, gründete Chöre, unterrichtete, veröffentlichte. Geistliche und

weltliche Vokalmusik, Oratorien, Kantaten, Motetten, viele Instrumentalwerke, darunter zahlreiche Werke für Blockflöte. »Wir haben zu Hause immer gesungen. Lieder, von denen wir gar nicht wussten, von wem sie waren. Meine Mutter summte und machte Musik. Für uns war das normal. Irgendwann haben wir begriffen, dass sie eine Komponistin war, aber sie hat da kein Gewese drum gemacht.«

Ihre Mutter beschreibt sie als außerordentlich liebevoll, patent und unkonventionell. »Das hat sich gezeigt, als meine Schwester mit 16 schwanger wurde: Der Vater des Kindes zog bei uns ein, der Kleine kam zur Welt, wurde mit Liebe überschüttet und wir haben uns alle abwechselnd um ihn gekümmert. Die Leute haben sich das Maul zerrissen. Und meinen Eltern war das völlig egal.« Und dann, als die Kinder im Teenageralter sind und Dieter Kukuck sich in eine andere Frau verliebt: »Meine Mutter hat sehr an meinem Vater gehangen und ihn nicht losgelassen. Das ging über drei oder vier Jahre so. Dann war ich 17 und hatte einen drei Jahre älteren Freund, mit dem ich eigentlich keine Liebesbeziehung wollte – aber sie. Meine Mutter verliebte sich und ließ meinen Vater gehen, machte ihren Frieden mit ihm.«

Die Beziehung zu dem viel jüngeren Mann hält nicht lange, und doch gibt sie Felicitas Kukuck Kraft und Inspiration. »Meine Mutter war eine sehr leidenschaftliche Frau. Sie hat die Liebe geliebt, aber sie hat auch mit ihrer Musik um Männer geworben«, erinnert sich Dr. Margret Johannsen, die später immer wieder Texte für ihre Mutter schreibt und gemeinsam mit ihr und der ganzen Familie musiziert: »Wir Geschwister sind sehr unterschiedlich, aber wir haben in der Musik unserer

»Die Melodien fanden sich gewissermaßen ohne mein Zutun einfach ein.«

Mutter immer eine Verbindung zueinander gefunden.« Heute sind drei Generationen der Familie im 2006 in Erinnerung an die Mutter gegründeten Singkreis »Felicitas Kukuck« aktiv.

Felicitas Kukuck, die sich mit Werken wie »Und kein Soldat mehr sein« oder »Hiroshima« für die Friedensbewegung engagiert, 1989 mit der Biermann-Ratjen-Medaille und 1994 mit der Johannes-Brahms-Medaille geehrt wird, stirbt 2001. Bis zuletzt komponiert und singt sie. Und Generationen singen ihr Werk weiter. »Es führt über den Main / eine Brücke von Stein. / Wer darüber will gehn, / muss im Tanze sich drehn. / Fa la la la la, fa la la la.«

Quellen:
Persönliches Gespräch mit Dr. Margret Johannsen im Dezember 2018.
Irma Hildebrandt: Immer gegen den Wind. 18 Hamburger Frauenporträts. München 2005, S. 157 ff.
Christiane Janssen: Felicitas Kukuck (1914–2001). Ein Bild der Komponistin unter besonderer Berücksichtigung der Blockflöte in ihren Werken. Schriftliche Hausarbeit im Fach Musikgeschichte für die Prüfung der berufsbegleitenden Fortbildung »Die Blockflöte im Unterricht«. 2004.
Felicitas Kukuck: Biografie in Form eines Tagebuchs ab 17. April 1989. Manuskript. Hamburg 1989.

LOKI SCHMIDT

Naturschützerin
03.03.1919–21.10.2010

Hamburger Adressen: Hammerbrook, Hohenfelde, Horn,
Barmbek, Neugraben, Othmarschen, Neubergerweg 80
in Langenhorn (Wohnorte)
In Hamburg von 1919 bis 2010, von 1969 bis 1982
außerdem in Bonn

Mehr als an seiner Seite

Das Zuhause von Loki Schmidt ist nur einen Mouseklick weit entfernt. Auf der Internetseite der Helmut und Loki Schmidt Stiftung kann man das Gebäude, das die Schmidts 1961 im Neubergerweg 80 in Hamburg-Langenhorn gekauft und stetig erweitert haben, virtuell entdecken. Hinter der Gartenpforte geht es rechts durch die Haustür in den Flur. Die Wände hell, voll mit Bildern und Büchern. Die Decken hoch und mit Holz verkleidet. Die Böden steinern und mit dicken Teppichen belegt. Links Ohrensessel und Treppenlift, dann die lichtdurchflutete Halle, mit Steinway-Flügel, Schachecke, Kamin, Gartenblick und Möbeln im Stile der Siebziger. Dort saß häufig der Erziehungswissenschaftler und Professor Reiner Lehberger bei seinen rund 150 Treffen mit Loki Schmidt. Meistens freitagvormittags. Und meistens mit einer Tasse Kaffee. Dort entstehen gemeinsame pädagogische Projekte und seine Bücher, die er über die Schmidts, vor allem aber über Loki Schmidt schreibt. Über ihr Leben, das im März 1919 in Hamburg-Hammerbrook beginnt.

Loki Glaser, die Älteste von drei Geschwistern, erlebt eine Kindheit in großer Armut und beengten Wohnverhältnissen. Als ihr Vater, Elektriker auf einer Werft, 1931 arbeitslos wird, verdient die Mutter als Schneiderin den Familienunterhalt und Loki kümmert sich um Haushalt und Geschwister. Doch bei allen Entbehrungen ist ihre Kindheit glücklich und die Eltern sind liebevoll, weltoffen und bildungsorientiert. Ein Grund, warum Loki die reformpädagogische und koedukative Lichtwarkschule besucht, an der sie sich auch mit Helmut Schmidt anfreundet. Das mutige Mädchen mit dem Kurzhaarschnitt, das sich prügelt, um andere zu beschützen, das Bäume- und Pflanzennamen auswendig weiß und mit Mädchenfreundschaften nicht viel anfangen kann. Und der Junge mit der großen Klappe aus dem strengen, kalten Elternhaus. Ein erster Besuch bei Loki zu Hause wird Helmut prägen. »Ohne die sozialdemokratischen, sozialistischen Wurzeln ihres Elternhauses wäre vielleicht vieles ganz anders gekommen«, beschreibt es Lehberger.

Nach Abitur 1937 und Arbeitsdienst geht Loki an die Hochschule für Lehrerbildung und wird Lehrerin. Ein Beruf, der sie zutiefst erfüllt. Helmut macht Wehrdienst und wird 1939 eingezogen. Rund anderthalb Jahre lang verlieren sich die beiden aus den Augen. Dann treffen 1940 die ersten Fliegerbomben Hamburg und Loki soll 23 Mädchen alleine in die Kinderlandverschickung nach Süddeutschland begleiten. Eine harte Zeit, in der ihr ein Briefkontakt mit Helmut Mut macht. Im Sommer 1941 finden sie zueinander, im Jahr drauf heiraten sie, 1943 ziehen sie ins nahe Berlin gelegene Bernau, wo Helmut Schmidt stationiert ist und im Juni 1944 Sohn Helmut Walter zur Welt kommt. Kurz nachdem Schmidt an die Westfront abkommandiert wird, im Januar 1945, erkrankt der kleine Junge. Medikamente gibt es nicht. Und so muss Loki hilflos mitansehen, wie ihr Kind stirbt.

Dann das Kriegsende. Und ein Neuanfang in Hamburg. Helmut studiert Volkswirtschaftslehre, Loki ernährt die Familie. Zuerst mit Putzen und Nähen, nach ihrer Entnazifizierung Ende 1946 als Lehrerin. Daran än-

»Und ich kann dieses neue Getue über Frauen und Berufstätigkeit nicht verstehen. Für uns war es völlig normal, berufstätig zu sein, häufig haben nach dem Krieg Frauen ihren Männern das Studium ermöglicht. Arbeiterfrauen gingen putzen, darüber wurde nicht groß geredet.«

dert sich auch nichts, als 1947 Tochter Susanne zur Welt kommt. Wenige Wochen nach der Geburt steht Loki wieder vor ihrer Klasse. Und Susanne unter einem Fliederbusch. »Sie war ein geeignetes Kind für eine berufstätige Mutter – also ausgesprochen friedlich, wollte nicht ständig unterhalten werden; wenn sie genug zu essen bekam, legte sie sich hin und schlief oder spielte mit ihren Fingern«, erzählt Loki später. Und generell über das Kinderkriegen: »Ihren Bruder hat sie ja nicht kennenlernen können, der ist ja einige Jahre vor ihrer Geburt verstorben. Und dann habe ich verhältnismäßig früh mit ihr auch über meine vielen Fehlgeburten gesprochen. Auch dass es wahrscheinlich keine Geschwister mehr gibt und dass das eine gewisse Tragik ist, weil wir ja auch traurig darüber waren.«

Nach dem Studium beginnt Helmut Schmidts Karriere in der Politik. Die Familie zieht von Neugraben nach Othmarschen und von dort im Dezember 1961 – Schmidt ist gerade Innensenator – in den Neubergerweg nach Langenhorn, eine unscheinbare Doppel- und Reihenhaussiedlung. Dann, im Mai 1966, steht im »Stern«, was Loki längst wusste: dass ihr Mann seit langer Zeit eine Beziehung zu einer anderen Frau hat. Loki baut körperlich ab, ist zeitweise nicht in der Lage zu unterrichten. »Ja, das war eine Zeit, in der Schwächen des Körpers und der Seele zusammenkamen. Das war keine leichte Zeit«, beschreibt sie es später. »Damals ist mir deutlich geworden, dass ich ein eigenes Feld brauchte, das ich für mich bearbeiten konnte.«

Zwar lässt sie sich als Lehrerin beurlauben und geht zum Jahreswechsel 1969/70 mit ihrem Mann nach Bonn, wo er zuerst Verteidigungsminister und ab 1974 Bundeskanzler wird, doch setzt Loki Schmidt als Kanzlergattin Akzente wie keine vor ihr. Sie macht nicht nur Protokollexperten auf fehlende Klopausen aufmerksam und kürzt beim Damenprogramm das Shoppen, sondern äußerst sich auch zu politischen Themen wie Bildungsfragen und Frauenpolitik und führt Menschen zusammen. Sie lässt sich nicht verbiegen, auch nicht, als sie als erste Frau bei einem Staatsempfang in Saudi-Arabien gemeinsam mit ihrem Mann das Flugzeug verlässt und mit dem Scheich ins Plaudern gerät.

Vor allem aber nutzt sie die neu gewonnene Prominenz, um sich für Naturschutz und den Erhalt gefährdeter Pflanzen einzusetzen – und das noch vor den Grünen und dem ersten Umweltminister. Sie gründet eine eigene Stiftung, macht Forschungsreisen, unter anderem nach Kenia, Ecuador, Malaysia, Brasilien und auf die Galapagos-Inseln, veröffentlicht zahlreiche Bücher

»Realitätsbezogen, tüchtig, und Jammern gilt nicht. Ja, das gilt wohl für uns alle drei.«

über Botanik und wird für ihr Engagement für den Naturschutz mehrfach geehrt: »Gefreut hat mich das natürlich schon, aber wichtiger als meine Ehrungen ist ja, dass die Menschen dieses Anliegen annehmen. Und da hat sich ja doch einiges verändert. Heute braucht man niemandem mehr zu sagen, dass es geschützte oder gefährdete Pflanzen gibt. Mit dem Begriff kann inzwischen jeder etwas anfangen. Und dazu, glaube ich, habe ich etwas beigetragen.«

2009 wird Loki Schmidt Ehrenbürgerin von Hamburg, die für sie persönlich wichtigste Auszeichnung. Im Oktober 2010 stirbt Loki Schmidt. Fünf Jahre vor ihrem Mann. Zu Hause im Neubergerweg.

»Die Wahl zur Ehrenbürgerin ist für mich die höchste Ehrung, die einem Hamburger widerfahren kann.«

Quellen:
Persönliches Gespräch mit ihrem Biografen Prof. Dr. Reiner Lehberger im Januar 2019.
Dieter Buhl: Loki. Hannelore Schmidt erzählt aus ihrem Leben. 2. Auflage. Frankfurt am Main 2010.
Susanne Gaschke: Wir sehen die Welt so, wie sie ist. In: Die Zeit vom 17.12.2008.
Reiner Lehberger: Die Schmidts. Ein Jahrhundertpaar. Hamburg 2018.
Reiner Lehberger: Loki Schmidt: Die Biographie. Hamburg 2014.
Loki Schmidt, Reiner Lehberger: Auf einen Kaffee mit Loki Schmidt. Hamburg 2010.

SYBIL GRÄFIN SCHÖNFELDT

Journalistin
13.02.1927

Hamburger Adressen: Blumenstraße, Bebelallee und Agnesstraße
in Winterhude (Wohnstätten)
In Hamburg seit 1950

Lesen und die Lust am Leben

»Schlepegrell« steht auf dem Klingelschild. Darunter: »Gräfin Schönfeldt«. Ihr Mädchen- und Autorenname. Hinter der Haustür ein helles Treppenhaus. Auf dem oberen Treppenabsatz ein Bücherregal. Harry Potter steht ganz links. Weiter komme ich nicht. Da öffnet Dr. Sybil Schlepegrell ihre Etagentür. »Wie haben Sie das denn geschafft, Sie sind auf die Minute pünktlich«, sagt sie und schaut mit klugen und lächelnden Augen durch die runden Gläser ihrer Brille. »Die Schuhe können Sie anlassen.« Dann die Platzfrage. Kleines Arbeitszimmer, großes Arbeitszimmer oder Wohnzimmer? Ein erster Blick durch die behaglich verwinkelte Dachgeschosswohnung, in der sie seit 1961 lebt. Früher mit ihrem Mann und den Söhnen Henry und Ludwig. Heute allein – mit Bücherregalen, die bis an die Decke gehen, und Hunderten Katzen: aus Porzellan, aus Plastik, mal edel, mal kitschig. Weil sie Katzen mag, echte Haustiere in einer Stadtwohnung aber nicht artgerecht findet.

Wir einigen uns auf das Wohnzimmer. Gemütliche Sessel. Eine leise tickende Uhr. An der Wand zahlreiche Gemälde, geschmackvoll arrangiert. »Niederländische Landschaftsmalerei«, sagt sie und deutet auf zwei Bilder. »Die wollte die Kunsthalle nicht haben, dafür lieb ich sie besonders. Und dieses hübsche kleine Kind ist die Großmutter meines Mannes. Ist doch süß, nicht?« Wenn Gräfin Schönfeldt erzählt, will man lauschen, genießen: »Ich hab als Kind immer gedacht, ich sei ein Wai-

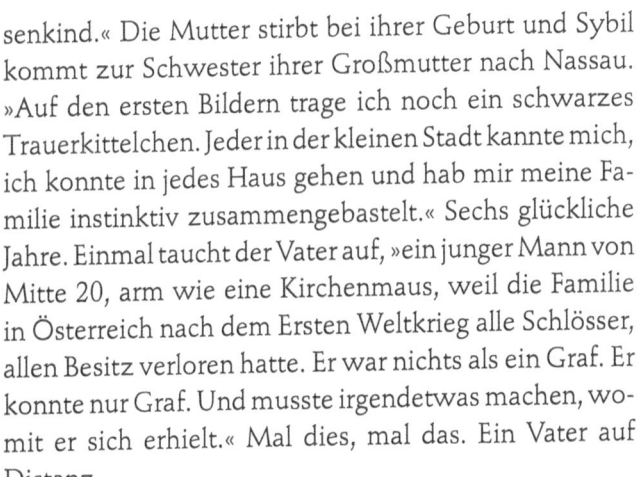

SYBIL GRÄFIN SCHÖNFELDT

senkind.« Die Mutter stirbt bei ihrer Geburt und Sybil kommt zur Schwester ihrer Großmutter nach Nassau. »Auf den ersten Bildern trage ich noch ein schwarzes Trauerkittelchen. Jeder in der kleinen Stadt kannte mich, ich konnte in jedes Haus gehen und hab mir meine Familie instinktiv zusammengebastelt.« Sechs glückliche Jahre. Einmal taucht der Vater auf, »ein junger Mann von Mitte 20, arm wie eine Kirchenmaus, weil die Familie in Österreich nach dem Ersten Weltkrieg alle Schlösser, allen Besitz verloren hatte. Er war nichts als ein Graf. Er konnte nur Graf. Und musste irgendetwas machen, womit er sich erhielt.« Mal dies, mal das. Ein Vater auf Distanz.

Mit sechs der Umzug zu den Großeltern nach Göttingen. Wegen der Schule. »Da gab es den Stiefgroßvater. Er war fabelhaft!« Die Beziehung zur um die Tochter trauernden Großmutter ist problematisch: »Ich sollte sein wie meine Mutter. Als Kind spürst du nur, dass etwas Falsches geschieht, also bin ich ihr ausgewichen.« Später wird sie in ihrem Buch »Hoffen auf das Bessere« darüber schreiben. Über die Geschichte ihrer Familie, zugleich die Geschichte einer untergegangenen Epoche. Ein Rückblick ohne Groll. So wie sie immer eher das Positive zu sehen scheint und lieber über die Freunde damals in der Nachbarschaft, die alten Obstgärten, Nussbäume und blühenden Kirschen erzählt als über eine Jugend unter Hitler. »Ich war BDJM- und BDM-Mädel, genau wie alle in meiner Klasse. Aber meine beste Freundin, Marianne Leibholz, durfte kein BDM-Mädchen sein, weil sie Halbjüdin war. Sie war die Lieblingsnichte von Dietrich Bonhoeffer. Ihre Mutter war seine Zwillingsschwester.« Dann der Tag, als Marianne morgens nicht

»Er verdiente sein Geld und ich verdiente mein Geld. Das hat sich immer so ergeben.«

mit zur Schule geht, Sybil kurz darauf an einer schweren Grippe erkrankt und sich irgendwann fragt, »warum kommt sie nicht und bringt mir die Schularbeiten? Und es hieß, sie sind nicht mehr da. – Ich kann mich erinnern, dass ich ein Heft auf dem Schoß hatte, eine dicke Träne auf das offene Schulheft fiel und ich einfach nur sah, wie die Träne die Tinte auflöste.«

1944 wird Sybil zum Reichsarbeitsdienst nach Oberschlesien eingezogen – und schreibt darüber Jahre später das Buch »Sonderappell«. Bedrückend. Anklagend. Selbstkritisch. Angefeindet worden sei sie da, von Frauen, die immer noch glaubten, sie hätten das Richtige getan. Nach dem Krieg endlich Freiheit. Sie studiert Germanistik und Kunstgeschichte in Göttingen, Heidelberg, Hamburg und Wien, promoviert 1951, volontiert beim »Göttinger Tageblatt« und geht nach Hamburg, »da war alles im Werden, da entstanden neue Magazine«. Eines ist die 1947 gegründete »Constanze«, die bis 1969 bei Gruner + Jahr erscheint. Dort steht Sybil Gräfin Schönfeldt kurz davor, in die Chefredaktion aufzurücken, als 1961 ihr zweiter Sohn geboren wird und sie sich entschließt, frei zu arbeiten: »Heute bin ich froh, dass die Kinder mich gezwungen haben, die Festanstellung aufzugeben. Die Landschaft hat sich so geändert, dass ich die Freiheit genossen habe, dahin zu gehen, wo das Umfeld stimmt, und die zu verlassen, die eine Art von Journalismus ausbrüteten, die ich nicht wollte.«

Auch ihr Ehemann, der Kaufmann Heinrich Schlepegrell, der ebenfalls aus einer alten Adelsfamilie stammt und den sie liebevoll »Schlep« nennt, wird einige Jahre später verzichten: auf einen Vorstandsposten, für den die Familie Hamburg hätte verlassen müssen. »Bei uns war immer klar, dass beide arbeiten«, sagt sie und erfreut sich noch heute am Humor ihres vor einigen Jahren verstorbenen Mannes: »Manchmal war ich zu Vorträgen eingeladen und musste die Bücher mitbringen, um die es ging. Der arme Schlep musste sie treppauf, treppab tragen und sagte einmal ganz verzweifelt, ›ach, hättest du nicht Flöte lernen können?‹«

Ab 1954 schreibt Sybil Gräfin Schönfeldt für »Die Zeit«, die »Süddeutsche Zeitung«, für »Petra« und »Essen und Trinken«. Sie ist Mitbegründerin des »Zeit-Magazins«, übersetzt mehr als 120 Bücher, darunter Charles Dickens, Roald Dahl und Lewis Carroll. Sie schreibt über 20 eigene Bücher, darunter das »Einmaleins des guten Tons« – »weil die Leute denken, als Gräfin muss man das wissen« –, Kochbücher, Babyratgeber und Biografien. Sie gründet das Hamburger Jugendforum mit, liest mit Leidenschaft ihren eigenen Söhnen bis ins Erwachsenenalter vor und wird unter anderem mit dem »Deutschen Erzählerpreis«, dem »Deutschen Jugendbuchpreis«, vom Börsenverein des Deutschen Buchhandels

»Dass sich die Leute das Messer durch den Mund ziehen, passiert eben auch in Sternegasthäusern. Das hätte es früher dann doch nicht gegeben.«

»Was ich an Hamburg schätze?
Dass es so groß ist und man sich seine
Freunde aussuchen kann.«

mit der Plakette »Dem Förderer des deutschen Buches« und außerdem mit dem Bundesverdienstkreuz am Bande ausgezeichnet.

Und heute, mit über 90? Dr. Sybil Schlepegrell lächelt: »Ich reise, halte Vorträge. Ich gehe mit Büchern ins Bett und morgens, wenn ich mir die Zähne putze, denke ich über Bücher nach.« Jedes Jahr gibt sie den »Literarischen Küchenkalender« heraus und stellt Neuerscheinungen vor. Dann sitzt sie da, hellwach hinter einem Berg von Büchern. Und erzählt deren Inhalt so packend und fesselnd, dass man ihr mühelos stundenlang zuhören mag.

Quellen:
Persönliches Gespräch im Januar 2019.
Hans-Juergen Fink: Sybil Gräfin Schönfeldt weiß, was sich gehört. In: Hamburger Abendblatt vom 15.02.2012.
Sybil Gräfin Schönfeldt: Die Jahre, die uns bleiben. München 2000.
Sybil Gräfin Schönfeldt: Knigge für die nächste Generation. Reinbek bei Hamburg 2003.
Sybil Gräfin Schönfeldt: Sonderappell. 2. Auflage. München 2004.
Sybil Gräfin Schönfeldt: Bei Thomas Mann zu Tisch. Hamburg 2012.
Sybil Gräfin Schönfedt: Hoffen auf das Bessere. Vom langen Weg in eine neue Zeit. Eine Familiengeschichte. Stuttgart 2013.
Sybil Gräfin Schönfeldt: Kochbuch für die kleine alte Frau. Zürich, Hamburg 2018.
Sybil Gräfin Schönfeldt: *»Nicht überleben, sondern leben«.*
Interview im Deutschlandfunk am 27.01.2018.

PEGGY PARNASS

Publizistin, Schauspielerin
11.10.19xx

Hamburger Adressen: Bartelsstraße 94, Methfesselstraße 13,
Lange Reihe
In Hamburg bis 1939 und 1950 bis heute, von 1939 bis 1945 in
Stockholm, ein paar Monate vor Kriegsende für drei Jahre nach London,
dann ein Jahr Paris und nach elf Jahren wieder Hamburg, jedes zweite Jahr
sechs Wochen in Israel in einem linken Kibbuz zwischen Tel Aviv und Haifa

Ein rastloses Leben

Eine Karte hatte ich ihr geschickt. Ob wir uns für ein Interview treffen können. Einige Tage später der Anruf. »Hier ist Peggy. Wann hast du Zeit?« Und: »Ich freu mich auf dich.« Kurz vorher ruft sie noch einmal an. Ob ich für sie unterwegs ein paar Bücher abholen kann. Liegt auf dem Weg. Ich laufe die Lange Reihe hinunter. Die Straße im Stadtteil St. Georg, wo Peggy Parnass seit Jahrzehnten lebt. Durch ein Tor kommt man zu ihr. Dahinter fünf kleine Häuser, die sich um einen Innenhof schmiegen. Haus rechts. Zweite Etage. Peggy steht im Türrahmen. Klein. Zerbrechlich. Mit wild abstehenden roten Locken. »Komm kurz rein, aber zieh dir die Schuhe aus.« Das italienische Restaurant unten habe einen guten Mittagstisch. Bei ihr sei es zu chaotisch. Nur kurz ein Blick hinein in die Wohnung. Eintauchen. In grüne Wände. Drei ineinander übergehende Räume. Dunkel. Samtig. Zwei Chaiselongues. Bücherstapel auf dem Boden, überall. Überquellende Regale mit Büchern, Postkarten, Bildern. An den Wänden Zeichnungen, Fotografien. Viele von ihr. Man will bleiben. Stöbern. Baden in Geschichten. Aber Peggy drängt zur Tür. Auf meinen Vorschlag, das Interview doch in der Wohnung zu führen, ein deutliches »Verdammt! Ich sag doch, es ist nicht aufgeräumt«. Und im Treppenhaus viel freundlicher: »Es ist schon komisch, für ein Buch über starke Frauen interviewt zu werden, wo ich gerade so schwach bin, so abgenommen habe.«

Beim Italiener bestellt sie mageres Fleisch, Gemüse – und unbedingt Butter. Isst wie ein Vögelchen. Trinkt roten Traubensaft. Legt eine Mappe auf den Tisch. Eine Einladung zum Filmporträt über sie, »Überstunden am Leben«. Einen Brief, in dem sie eine Roma-Familie unterstützt. Und einen nie veröffentlichen Leserbrief, in dem sie sich für Lampedusa-Flüchtlinge starkmacht und in dem es heißt, dass ihre Eltern, die als Juden von den Nazis verfolgt und im KZ ermordet wurden, und ihre »über 100 anderen engen Verwandten, Großeltern, Onkel, Tanten, Vettern, Cousinen hätten überleben können, wenn andere Länder bereit gewesen wären, sie aufzunehmen. Ich weiß, dass alle meine Verwandten Anträge überallhin stellten, aber keiner wollte uns.«

Das Jahr ihrer Geburt ist Peggy egal. Wer ihre Bücher liest, weiß, dass der Wikipedia-Eintrag nicht stimmt. 1934 – dann würde sie viele Details nicht kennen. Wäre vielleicht besser. Sagen wir, sie ist 91. »Meine früheste Heimat waren die runden, schönen Brüste meiner Mutter. Da durfte ich hin, zwischen ihnen durfte ich sein, da durfte ich mich aufwärmen, durfte kuscheln, mußte vor nichts Angst haben.« Voll Liebe die Mutter. Nachgiebig, wenn Pudl, der Vater – schön, Pole, 30 Jahre älter, Spieler – spät nach Hause kommt. 1939 schicken die Eltern Peggy und ihren vierjährigen Bruder mit einem Kindertransport nach Stockholm, damit sie überleben. »Mutti hat uns zur Bahn gebracht. Mutti sagte, sie kommt in einem halben Jahr nach, aber das war natürlich Quatsch. Obwohl sie wusste, dass sie uns nie wieder sieht, stand sie da und hat gelacht, ihr herrliches Lachen mit weit aufgerissenem Mund, und gewunken, solange wir sie sehen konnten. Damit uns der Abschied nicht so schwerfällt. – Dann schlug sie auf dem Bahnsteig lang hin. Blieb drei Tage ohnmächtig. Das erzählte mir ihre Schwester, meine Tante Berti, als ich sie nach elf Jahren zum ersten Mal in Hamburg wiedersah. Berti hatte überlebt, weil sie mit einem grundanständigen Deutschen verheiratet war. Der sich trotz aller Nachteile, die er dadurch hatte, nicht von ihr trennte.«

Dann Stockholm. Wut. Zwölf verschiedene Pflegefamilien in sechs Jahren. Und wieder Trennungen. Vom kleinen Bruder Bübchen, der erst vier ist, ins Waisenhaus kommt und den sie nur jeden zweiten Sonntag sehen darf, »wenn die sadistische Waisenhausleiterin mich überhaupt reinließ«. Trennung – auch von den letzten Briefen und Fotos der Eltern, die sie aus dem Warschauer Getto schreiben, bevor sie nach Treblinka gebracht und ermordet werden. Ihr Vormund wirft die Erinnerungen ins Feuer. Später, als junge Frau, wieder Trennung. Von ihrem Sohn, der es nicht leicht bei ihr hat und sich mit 14 Jahren von ihr abwendet. Verlust – ihr Lebensthema. »Diese Angst vor Trennungen ist wie Todesangst. Grauenhaft«, sagt sie. Und dann dieser Nachholbedarf an Liebe: »Ich nehme die Angst vor dem Ende schon vorweg und ruiniere damit alles. Meine großen Lieben waren immer Katastrophen. Der totale Rausch. Für ein paar Tage.«

Ihr Leben – rastlos. Seitdem sie 14 war, muss sie sich

»Ich kenne kein Kind, das liebevoller gewesen wäre als Kim. Und wenn mein Sohn sich von mir abgewandt hat, kann es nicht an ihm liegen.«

selbst ernähren, gibt Sprachunterricht, dolmetscht. Lebt in Stockholm, London, Paris. Schreibt für Zeitungen. In den 1950er-Jahren kommt Peggy zurück nach Hamburg. Wohnt in einer WG zusammen mit dem Lyriker Peter Rühmkorf, dem Journalisten Klaus Rainer Röhl und dem Musiker Dick Busse. Macht politisches Kabarett mit den drei Jungs. Ist mit Ulrike Meinhof befreundet. Hat erste Filmrollen. »Dauernd kamen Leute, um mich zu interviewen. Und ich hab immer gesagt, geht lieber ins Gericht.« Am Ende geht Peggy selber ins Gericht. Schreibt für das Monatsmagazin »konkret«. Über NS-Massenmörder wie Ludwig Hahn. Über Frauenmörder wie Fritz Honka. Über Gauner aus dem Kiez, Familientragödien, RAF-Prozesse, menschliche Schicksale, Ungerechtigkeiten, Ignoranz und politisches Kalkül. Nah an den Opfern, auch wenn sie Täter sind. 500 Verfahren in 17 Jahren. Ihr Buch »Prozesse«, ein Erfolg. Peggy versteht sich nicht als Feministin, sagt »ich bin Menschistin«. Setzt sich für jene ein, die unterdrückt werden. Gilt als Ikone der Schwulen- und Lesbenbewegung. Macht den Mund auf. Hemmungslos ehrlich.

»Damals im Gericht, das waren 16-Stunden-Tage, acht Stunden Gericht, anschließend acht Stunden die Familien der Gefangenen besuchen. Das Schreiben hab ich gehasst. Ich schreib ja immer genau, was ich fühle. Natürlich hat mich das kaputtgemacht. Ich bin ja auch jetzt kaputt.« War das Schicksal der anderen auch Ablenkung vom eigenen? »Ja. Wenn du dich reinstürzt in andere Menschen, dann bist du von dir selber abgelenkt.«

1979 bekommt sie den Joseph-Drexel-Preis für hervorragende Leistungen im Journalismus, 1980 den Fritz-Bauer-Preis für ihren Einsatz für Menschlichkeit, 1998

»Hamburg? Das ist jetzt für mich die Puppe
in der Puppe in der Puppe. Also St. Georg.
In St. Georg mein verträumter Innenhof.
Und im Innenhof meine kuschelige Wohnung.«

die Biermann-Ratjen-Medaille für kulturelle Leistungen. Den Verdienstorden der Bundesrepublik Deutschland anzunehmen, dazu musste sie 2008 erst von dem Kollegen Ralph Giordano in Köln und dem Freund Georg Steffan Troller in Paris überredet werden.

Peggy, die den Bolero von Ravel liebt und die Stimme von Bessie Smith. Die jeden Tag mit ihrem Bruder in Israel telefoniert und deren Augen lächeln, wenn sie über das nächste Treffen mit ihrem Sohn spricht. Peggy, die sich schuldig fühlt für die, die sterben mussten, weil sie leben darf. Peggy, die mitten im Interview fragt: »Und? Wie lebst du? Wen liebst du?« Peggy, die ihren Kiez liebt. Und das Schauspielhaus ums Eck. Die sich auf dem Weg zur Wohnung festhalten muss – »weil ich die halbe Nacht wach bin und mir am Tag schwindelig ist« – und die im Treppenhaus zum Abschied winkt: »Schön, dass wir uns kennenlernen!«

Quellen:
Persönliches Gespräch im Dezember 2018.
Peggy Parnass: Unter die Haut. Hamburg 1983.
Peggy Parnass: Kleine radikale Minderheit. Hamburg 1986.
Peggy Parnass: Süchtig nach Leben. Hamburg 1990.
Peggy Parnass: Prozesse. Reinbek bei Hamburg 1992.
Peggy Parnass: Mut und Leidenschaft. Hamburg 1997.
Peggy Parnass, Tita do Rêgo Silva (Illustrationen): Kindheit –
Wie unsere Mutter uns vor den Nazis rettete. Frankfurt am Main 2012.

DOROTHEE SÖLLE

Theologin
30.09.1929–27.04.2003

Hamburger Adresse: Roosens Weg, Othmarschen (Wohnadresse)
In Hamburg von 1977 bis 2003

Glaube in gottlosen Zeiten

Ihre Worte berühren. Auch Menschen, die längst vom Glauben abgerückt sind. Die nichts anfangen können mit einem Gottvater, einem über den Dingen schwebenden Schöpfer. Auch jene, die der Kirche skeptisch gegenüberstehen und sich ein neues Verständnis von Glauben wünschen. Dorothee Sölle erreicht sie – von Hamburg aus. Ohne in dieser Stadt oder sonst wo in Deutschland einen Lehrstuhl oder ein offizielles theologisches Amt zu haben. Weil sie unbequem ist. Weil sie ausspricht, was wehtut. Und doch weltweit Gehör findet. Als Rednerin, Bestsellerautorin, Professorin und Vertreterin eines anderen Protestantismus.

Zart und schmächtig ist sie. Schon als kleines Mädchen. 1929 wird sie als eines von fünf Kindern in einer Kölner Intellektuellenfamilie geboren. Ihr Vater ist der Jurist Hans Carl Nipperdey. Einer ihrer drei älteren Brüder der spätere Historiker Thomas Nipperdey. Als Dorothee Sölle nach dem Zweiten Weltkrieg die Ausmaße des Grauens begreift, soll sie zusammengebrochen sein. Nichts dürfte ihr Leben so geprägt haben wie dieses Begreifen: »Für mich wichtigstes Thema war die Frage nach der Allmacht Gottes: Wo war Gott in Auschwitz? Warum hat er die Züge nicht angehalten? Wenn er doch alles kann per Knopfdruck? Wenn er da oben sitzt an seinem Schaltbrett und hat eine Milliarde Knöpfe, hätte er es doch machen können. Oder hatte er kein Interesse daran? Ich habe lange gerungen und ich denke, dass

es eine falsche Vorstellung ist. Ich hab es auf die Formel gebracht: Gott war sehr klein in dieser Zeit in Deutschland. Er hatte fast keine Freunde und Freundinnen. Und Gott braucht uns.«

Sie liest Martin Heidegger und Jean-Paul Sartre. Sie liest Søren Kierkegaard und Dietrich Bonhoeffer. Mit ihm, Bonhoeffer, wird sie ihr Leben lang in geistigem Dialog stehen und wie er den Perspektivenwechsel fordern, in der Nachfolge Jesu die großen Ereignisse der Weltgeschichte aus der Perspektive von unten, aus Sicht der Leidenden zu sehen. Sie studiert ab 1949 in Köln, Freiburg und Göttingen Theologie, Philosophie und Literaturwissenschaft, macht 1954 ihr Staatsexamen, promoviert mit einer literaturwissenschaftlichen Dissertation und unterrichtet sechs Jahre lang an einem Kölner Mädchengymnasium Religion und Deutsch. In der Zeit heiratet sie den Künstler Dietrich Sölle, gründet mit ihm eine Familie: Martin, Michaela und Caroline kommen 1956, 1957 und 1961 zur Welt. Eine prägende Zeit, die auch ihren Blick auf das Frausein schärft: »Für mich war der Beruf zunächst einfach eine Notwendigkeit, weil ich für die Familie Geld verdienen mußte. Ich habe in erster Ehe einen Maler geheiratet, der nichts verdiente. (...) Aber ich hatte Freude an meinem Beruf. Und heute kann ich mir ein Leben ohne Beruf gar nicht mehr vorstellen.«

Nach zehn Jahren wird die Ehe geschieden. Sölle alleinerziehende Mutter von drei Kindern. Und zugleich eine aufmerksame und aktive Beobachterin der Politik: Wiederbewaffnung, Kalter Krieg, Mauerbau ... Sie beteiligt sich an Ostermärschen, knüpft Kontakte zu christlichen Widerstandsgruppen. 1968 initiiert sie mit evangelischen und katholischen Freunden ein Politi-

»Der Reichtum des Menschen liegt in seinen Beziehungen zu anderen, in seinem Dasein für andere. Die Fülle des Lebens wird nicht weniger, wenn wir sie miteinander teilen, sondern sie vermehrt sich so wunderbar, wie fünf Brote und zwei Fische sich vermehrten.«

sches Nachtgebet, denn sie ist überzeugt, dass sich die Kirchen nicht aus politischen Entwicklungen heraushalten dürfen. Sie überträgt die Botschaft der Bibel auf die Gegenwart und findet eine völlig neue Sprache und Form des Gebets: »Wenn Menschen zusammen beten, dann haben sie sich das gemeinsame Wünschen, Hoffen oder Träumen wieder erlaubt, dann finden sie die verlorene Sprache wieder, um das, was sie empfinden, miteinander zu teilen. Poesie und Gebet sind Versuche, so zu reden, daß die Trennung von öffentlich und privat, von außen und innen sich tatsächlich erübrigen und keine Rolle mehr spielen.« Das Politische Nachtgebet wird in anderen Städten übernommen, immer zu brennenden politischen Themen. Im Rahmen dieser Arbeit kommt Sölle dem Benediktinermönch Fulbert Steffensky, den sie zwei Jahre vorher auf einer Tagung in Jerusalem kennengelernt hat, näher. Er entscheidet sich gegen das Mönchsein – und für eine ökumenische Liebesehe: 1969 heiraten sie, ein Jahr später kommt Tochter Mirjam zur Welt.

Dorothee Sölle, die 1971 mit dem Thema »Realisation: Studien zum Verhältnis von Theologie und Dich-

tung« an der Universität Köln habilitiert wird, die mit Reden und Veröffentlichung, mit ihrem poetischen und ihrem kritischen, messerscharfen Verstand eine wachsende Fangemeinde hat und im Laufe ihres Lebens 38 Bücher veröffentlicht, bleibt ein deutscher Lehrstuhl verwehrt. So lehrt sie von 1975 bis 1987 auf einer Professur für systematische Theologie am Union Theological Seminary in New York. Und da ihr Mann fast zeitgleich eine Professur für Religionspädagogik an der Universität Hamburg hat, pendelt sie, ist immer wieder für Monate in Othmarschen, wo sie mit Steffensky und den Kindern, die noch nicht aus dem Haus sind, im Roosens Weg wohnt. Erst viel später, 1994, erhält sie eine Ehrenprofessur an der Universität Hamburg.

Die zierliche Frau ist viel: Kämpferin, Christin, Pazifistin, Ökologin, Sozialistin, Poetin, Kapitalismuskritikerin. Ihre Worte bleiben aktuell. Wenn sie sagt, dass der Ausspruch »Ohne Frieden kein Brot« auch umgekehrt gilt: »Wenn die Mehrzahl der Menschen in den Entwicklungsländern kein Brot haben, wird es keinen Frieden geben. Die Völker in Zentralamerika, die heute dafür kämpfen, daß ihre Kinder nicht weiter an Unterernährung zugrunde gehen, werden durch Bomben und Waffenlieferungen an die Eliten, die sie beherrschen, nicht satt. Frieden kann nicht auf Gewalt aufgebaut werden, und niemand kann die Hungrigen auf die Dauer zum Schweigen bringen; da hilft selbst die größte Militärgewalt der Welt nicht.« Als radikale Feministin sieht sie sich nicht, sagt aber Sätze wie »Frau Saubermann, die nur ihre Wohnung putzt oder sich um Modefragen kümmert, führt für mich eine absolut sinnlose und tödliche Existenz, in der ihre Interessen und Fähigkeiten

»Das sind Massen von Menschen, die sich reduziert haben aufs Geldverdienen und Konsumieren. Die Dinge, die mich interessieren im Leben, nämlich Politik und Religion, über die kann ich kein Wort mit denen reden.«

und ihre Intelligenz so reduziert sind, daß eine Auseinandersetzung mit der Welt, der Austausch und die Schwierigkeiten mit anderen Menschen vermieden werden. Damit vermeidet sie dann auch das Leben selbst.«

Dorothee Sölle stirbt mit 73 Jahren an den Folgen eines Herzinfarkts. Auf einer Vortragsreise. Mitten in ihrer Arbeit. Mitten im Leben.

Quellen:
Theo Christiansen und Johannes Thiele (Hrsg.): Dorothee Sölle im Gespräch. Stuttgart 1988.
Irma Hildebrandt: Immer gegen den Wind. 18 Hamburger Frauenporträts. München 2005.
Mechthild Müser: Theologin ohne Heimat in der Kirche. Dorothee Sölle, Schriftstellerin und Mystikerin. In: Deutschlandfunk vom 26.09.2009.
Dorothee Sölle: Das Fenster der Verwundbarkeit. Theologisch-politische Texte. Stuttgart 1987.
Dorothee Sölle: Das Eis der Seele spalten. Theologie und Literatur in sprachloser Zeit. Mainz 1996.

HELGA FEDDERSEN

Schauspielerin
14.03.1930–24.11.1990

Hamburger Adresse: Deichstraße 39 (Wohnadresse),
Holstenwall (Wirkungsstätte)
In Hamburg von 1930 bis 1990

Alles andere als Klamauk

Sie lässt sich schwer einordnen, diese Helga Feddersen. Auf den ersten Blick der Erinnerung, da sieht man sie mit ihren hautengen, knallig pinkfarbenen Leggins und schrillen Blusen über die Bühne hüpfen. Spindeldürr, die Haare in der Kopfmitte gescheitelt und Hits wie »Die Wanne ist voll« oder »Gib mir bitte einen Kuss« singend. Ihre TV- und Bühnenpartner sind auf Klamauk abonniert: Lieder und Sketche mit Frank Zander, Didi Hallervorden, Heinz Schubert alias Ekel Alfred und Jürgen von der Lippe. Und doch ist da so viel Klugheit. Gepaart mit gar nicht ulkiger Tragik. Und ganz offensichtlicher Stärke.

Eine waschechte Hamburgerin ist sie. Im März 1930 als Tochter eines Kaufmanns für Seemannsausrüstungen »erblickte ich das Licht der Welt und meine Mutter mich: Letztere unter stolzen Tränen lächelnd«, erzählt sie in ihrer mit kleinen Anekdoten über ihr Leben gespickten Autobiografie. »Drei Stunden darauf gefror das erwartungsvolle Lächeln meines Vaters: Er hatte einen Sohn geplant.« Ganz früh plant er weiter, mit der Tochter. Zahnärztin soll sie werden, findet er. Der Start scheint holprig gewesen zu sein: »Am 14. März 1936, 9.30 saß ich zum ersten Male in einer Schulklasse; zwei Wochen später wurde ich in den Kindergarten zurückversetzt. Vater steckte auf Zahnarzthelferin zurück.«

Auf alten Bildern aus der Schulzeit wirkt sie zurückhaltend. Ein ernster Blick aus klaren, klugen Augen in einem hübschen Gesicht. Helga Feddersen weiß, was sie

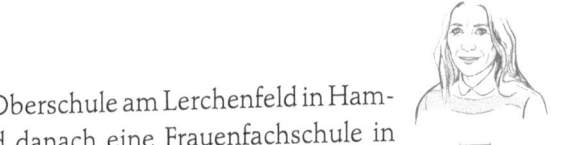

HELGA FEDDERSEN

will. Sie besucht die Oberschule am Lerchenfeld in Hamburg-Uhlenhorst und danach eine Frauenfachschule in Harburg. Zahnärztin will sie ganz sicher nicht werden, ihr Berufsziel steht fest: Schauspielerin. 1948 geht sie in Hamburg an die Schauspielschule: »An meinem 19. Geburtstag sprang ich im Hamburger Zimmertheater als ›Leonore‹ in Strindbergs ›Ostern‹ erstmals auf jene Bretter, von denen man behauptet, na, Sie wissen schon was«, schreibt sie und erinnert sich an ihre ersten Auftritte, nachdem sie 1950 die Schauspielschule abgeschlossen hat: »Als Schauspielerin mit beglaubigter Bühnenreife trat ich den schweiß- und tränentreibenden Hindernislauf durch die Theater an. Über die ›Naive‹ durch den ›Charakter‹ zur ›Komikerin‹.« – Von Ulknudel ist nie die Rede.

Als ihre Karriere so richtig hätte beginnen können, wird bei Helga Feddersen ein bösartiger Tumor an der Ohrspeicheldrüse diagnostiziert. Über die erfolgreiche Operation und ihre Folgen spricht sie später selten. Und wenn, dann mit sehr ähnlichen und sich über sich lustig machenden Worten. Die dunklen Jahre der Krankheit scheint sie auszuklammern. Bei einem TV-Auftritt in Joachim Fuchsbergers Talk-Show »Heut Abend« im Dezember 1984 erzählt sie mehr als gewöhnlich: »Durch

»Mein Vater hat sich mit Humor gesegnet, weil ihm sonst nämlich nicht viel Segen geblieben war. Er ist ein Waisenhauskind, und alles, was er sich erworben hat, das hat er sich selbst mit eigenen Händen geschaffen.«

> »*Als ich aufwachte, saß mein Mund am rechten Ohr. Erst fünf Jahre danach konnte ich ihn wieder richtig zumachen.*«

die Operation, die sicher richtig gemacht worden ist, waren alle diese Nervenstränge durchtrennt und das Gesicht hatte keinen Halt mehr (...). Ich konnte also weder essen noch trinken noch sonst was. Und der Beruf war nun ganz vom Tisch.« Wenn jemand aus dem Beruf anruft, so hatte sie es ihrer Mutter auf einem Zettel notiert, denn sprechen konnte sie eine Zeit lang nicht, solle sie sagen, Helga sei im Ausland. »Das hatte ich mir so einfallen lassen. Ausland hört sich gut an, krank bist du für immer. War ich dann auch fünf Jahre.«

Fünf Jahre, zu deren Beginn sie kaum mehr reden kann. »Es war praktisch alles aus und mein Vater hat verhindert, dass ich vom Michel gesprungen bin, [...] mit väterlicher Gewalt hat er gesagt, wenn einer plötzlich schief ist, deswegen schmeißt man nicht das höchste Gut weg – und das ist das Leben.« Dieses Leben geht weiter. Im ersten Jahr versteckt sich Helga im Keller des väterlichen Ladens und hilft dort sortieren. Im zweiten Jahr kümmert sie sich ums Lager. Erst im dritten Jahr traut sie sich ins Geschäft hinter den Verkaufstisch. Mit gesenktem Blick. Nur ganz langsam wagte sich die junge Frau wieder unter Leute und gewöhnt sich an ihr entstelltes Gesicht, das sich bis zu einem gewissen Grad regeneriert. Sie fängt neu an. Zuerst als Souffleuse und Regieassistentin beim NDR.

Im Gespräch mit dem Journalisten Ben Wittler erzählt

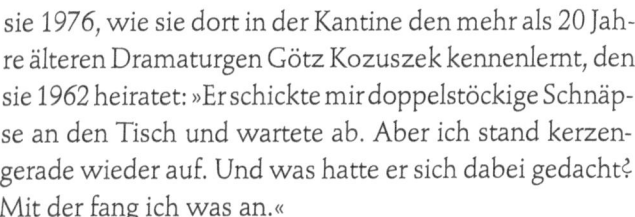

sie 1976, wie sie dort in der Kantine den mehr als 20 Jahre älteren Dramaturgen Götz Kozuszek kennenlernt, den sie 1962 heiratet: »Er schickte mir doppelstöckige Schnäpse an den Tisch und wartete ab. Aber ich stand kerzengerade wieder auf. Und was hatte er sich dabei gedacht? Mit der fang ich was an.«

Er ist es auch, der Helga Feddersens Talent zum Schreiben entdeckt – »morgens am Frühstückstisch, (...) da ließ er mich immer erzählen und sagte, du sprichst so anschaulich, du könntest sicher Dialoge schreiben. Schreib doch mal ein Fernsehspiel.« So fing es an, erinnert sie sich 1975 in einem Radio-Interview mit der Deutschen Welle. Das erste Fernsehspiel »Vier Stunden von Elbe 1« wird vom NDR als Schwarzweißfilm gedreht und im März 1968 in der ARD erstausgestrahlt. Ein Stück über die kleinen Leute – und ein großer Erfolg, weil es »das verkörperte, wie ich bin, nämlich ein Mensch aus dem Volk, ein norddeutscher Mensch«.

Weitere Filme entstehen. Außerdem wirkt sie in humoristischen Fernsehserien wie »Ach, du dickes Ei« (1975–1977), »Abramakabra« (1972) und »Ein Herz und eine Seele« (1976) mit und moderiert von 1977 bis 1980 mit Frank Zander die Musiksendung »Plattenküche«. Obwohl sie nach Kozuszeks Pensionierung mit ihm gemeinsam in eine alte, umgebaute Dorfschule nach Schles-

»Die ›Naive‹ hatte ich bald hinter mir. Der ›Charakter‹ brachte mich ans Schauspielhaus Hamburg, die ›Komik‹ zu Film und Fernsehen.«

*»Ich war zweiunddreißig und
Götz fünfundfünfzig. Ich war voll erblüht,
und er kernig.«*

wig-Holstein zieht, behält sie ihre Wohnung in Hamburg, wo sie 1983 in einem ehemaligen Ballsaal das »Theater am Holstenwall« eröffnet. Doch die 1980er-Jahre bringen kein Glück. In den Jahren vor seinem Tod 1985 soll sich Götz Kozuszek stark verändert haben. Für Helga Feddersen keine einfache Zeit. Außerdem muss sie sich erneut Tumoroperationen unterziehen. Nach einer Kiefervereiterung müssen sämtliche Zähne entfernt werden. Dazwischen immer wieder Auftritte als Ulknudel. Womöglich, um den Schmerz nicht nach außen dringen zu lassen. Einen Gefallen tut sie sich damit nicht. Ihr neuer Lebensgefährte Olli Maier schirmt sie ab und macht dabei in den Medien kein gutes Bild. Helga Feddersen wirkt unendlich zerbrechlich, zuletzt. Kurz nachdem sie Maier noch geheiratet hat, stirbt sie im Herbst 1990 in einem Hamburger Krankenhaus an Leberkrebs.

Quellen:
Helga Feddersen: Hallo, hier ist Helga. Das erste Buch von
Helga Feddersen. 1981.
Interview Deutsche Welle, Juli 1975.
Ben Witter: Erst seit 13 Jahren mag Helga Feddersen sich leiden.
In: Die Zeit vom 02.01.1976.
Jürgen Worlitz: Eine Ulknudel sieht anders aus. In: Die Welt vom
13.11.2011.

LORE MARIA PESCHEL-GUTZEIT

Anwältin, Politikerin
26.10.1932

Hamburger Adressen: Hamburg-Eilbek, später Wohnhaus in Hamburg an der Elbe
In Hamburg von 1932 bis 1943 und 1946 bis 1994 mit Studienaufenthalten in Süddeutschland in den 1950er-Jahren, seit 1994 pendelt sie zwischen Hamburg und Berlin

Für die Rechte von Familien

Eine Tür mit Milchglasscheibe trennt Konferenzraum und Büro von Lore Maria Peschel-Gutzeit. Warten aufs Interview. Und immer wieder der Blick durch die Scheibe. Dahinter kann man Umrisse ausmachen. Grünes Oberteil am Schreibtisch. Dunkle Hochsteckfrisur. Dann Papierrascheln. Feste Schritte. Eine Tür geht ins Schloss. Und die 86-jährige Anwältin steht im Konferenzraum.

»Sie kommen extra aus der Freien und Hansestadt?«, fragt sie und lacht. Lore Maria Peschel-Gutzeit steht voll im Beruf, seit 2002 wieder als Anwältin in einer Berliner Kanzlei, und pendelt zwischen Hamburg und der Hauptstadt. Das hält jung. Vor allem wenn man wie sie gern schnelle Autos fährt. Dabei wirkt sie nicht wie eine Draufgängerin. Trägt gerne Seidenblusen und bunte Blazer. Sie hatte es nie nötig, sich wie ein Mann zu kleiden, um ihren Weg zu gehen.

Ein Weg, der 1932 in Eilbek beginnt. Ihre Mutter Lehrerin, ihr Vater als Offizier selten zu Hause. Eine Wohnung mit drei Balkonen. Einer davon der Lore-Balkon. »Darauf stand eine kleine Sandkiste, die wir mit Erde füllten, sodass ich Radieschen und andere Pflanzen züchten konnte. Außerdem gab es dort Behältnisse, in denen ich Regenwürmer aufzog«, erinnert sie sich. »Da saß ich auf dem Balkon als kleine Gärtnerin und hatte nicht das geringste Interesse daran, mich den brüllenden Kindern auf der Straße anzuschließen.« Das verträumte Mädchen ist klug, überspringt zwei Schulklassen.

Lore Maria Peschel-Gutzeit sitzt am Konferenztisch. Bietet Kaffee an. Erinnert sich an 1943, an den Abschied. Die Mutter, Gegnerin der Nazis, wird als Lehrerin zur Kinderlandverschickung in die Oberpfalz, Bayern versetzt. Auch Lore und ihre vier Jahre ältere Schwester Ursula werden »verschickt«, zuletzt ins Fichtelgebirge. Dort erleben sie das Kriegsende: »Man sagte uns, seht zu, wie ihr auf dem schnellsten Weg nach Hause kommt. Wir wollten zu unserer Mutter in die Oberpfalz und haben uns von deutschen Soldaten mitnehmen lassen, die auf dem Rückzug waren. Wenn Tiefflieger kamen, sprangen wir ab, zogen unsere Wolldecke über uns.« Einer flog besonders tief: »Ich guckte dem Soldaten ins Gesicht. Und er guckte mir ins Gesicht. Ein blonder Mann mit hellblauen Augen. Er legte seine MG an, doch dann drehte er ab. Wahrscheinlich wurde ihm plötzlich klar, dass er auf Kinder schießt.«

1946 Rückkehr nach Hamburg. »Nach Wochen in der Garage von Bekannten wurden wir hinter Billstedt bei unfreundlichen Menschen im Dachgeschoss einquartiert. Sie schlugen von außen eine Hühnerleiter durch die Wand, denn sie wollten nicht, dass wir ihr Treppenhaus nutzen. Das Plumpsklo war im Garten. Im Winter 1946, in dem viele Menschen erfroren sind.« Verblasste Erinnerung. Was dagegen nie verblasste, ist »das Gefühl, als ich erfuhr, was die Nazis verbrochen hatten. Damals habe ich mir geschworen: Du wirst dich in deinem Leben nie wieder politisch so täuschen lassen!«

Sie studiert Jura. Und erlebt einen Schlüsselmoment. Ein Professor führt eine von sechs Frauen in einem mit 300 Männern gefüllten Hörsaal vor. Als sie seine Fragen nicht beantworten kann, fragt er sie, in welchem Se-

»Mir mein Leben gemütlich zu gestalten kam für mich noch nie in Frage. Und ich wüsste nicht, warum ich jetzt damit anfangen sollte. Es gibt noch so vieles zu sehen, zu erleben, zu lernen, zu erreichen und zu verbessern. Selbst drei Leben würden dafür nicht ausreichen. Ich habe aber nur dieses eine Leben. Da packe ich hinein, was hineinpasst.«

mester sie sei: ›Im fünften‹, sagte sie. ›Ach‹, meinte er, ›da haben Sie aber schon viel Geld ausgegeben, um an den Mann zu kommen.‹ – »Wenn ich da nicht gemerkt hätte, dass wir Frauen keine Chance haben, hätte ich es nie gemerkt. Aber ich wusste es schon vorher.«

Sie nimmt den Kampf auf. Mit 22 Jahren Referendariat, mit 26 zweites Staatsexamen. Als ihr erster Mann wenige Wochen nach der Hochzeit an Krebs stirbt, ist sie in tiefer Trauer. Sie geht nach Freiburg, wo sie in einer Kanzlei arbeitet, die ausschließlich von Frauen geführt wird. Eine wichtige Erfahrung, zumal sie früh ihren Schwerpunkt auf Familienrecht, Kinderrechte und Gleichberechtigung legt. Wenige Monate später der Ruf aus Hamburg und der Wechsel in die Justiz – als Richterin am Landgericht.

Mit 27 Jahren lernt sie ihren zweiten Mann kennen, den Richter Horst Peschel. 1963 kommt Sohn Rolf zur Welt, 1967 und 1970 die beiden Töchter. »Als Schülerin hatte ich immer zwei Lebensziele: mindestens zwei Kinder und einen Beruf, der mich ein Leben lang trägt.

Davon habe ich mich nie abbringen lassen.« Auch wenn Freunde ihr kopfschüttelnd dazu raten, zu Hause zu bleiben, Lore Maria Peschel-Gutzeit arbeitet Vollzeit. »Anders ging es damals nicht, das habe ich ja später erst erkämpft. Ich hatte keine andere Wahl: Entweder ich schaffe beides oder ich musste aufhören zu arbeiten.«

Als sich eine Kollegin von ihr verabschiedet, da deren drittes Kind behindert ist und das Beamtenrecht der Frau keine Möglichkeit bietet, ihre Arbeitszeit zu reduzieren oder nach einer Pause in den Beruf zurückzukehren, platzt Peschel-Gutzeit der Kragen. 1968 erkämpft sie das Gesetz, das die Presse später Lex Peschel nennen wird und das Beamtinnen Teilzeitarbeit und Sonderurlaub ermöglicht. Ein Wegbereiter für alles, was danach kam: »Wenn man einen völlig unhaltbaren Zustand antrifft, muss man ihn ändern. Und man kann ihn ändern – man muss nur loslegen und darf sich selbst nicht schonen.«

Geschont hat sie sich nie. Als nach rund zehn Jahren ihre Ehe in die Brüche geht, bekommt sie ihre drei Kinder auch alleine groß. »Meine Jüngste hat gesagt, ›Mama du warst nie da‹. Heute macht sie es ganz ähnlich wie ich damals. Sie hat selbst zwei Kinder und ist in ihrem Beruf viel unterwegs.« Trotzdem sei es kein gutes Gefühl: »Es ist ein ständiges Zerrissenwerden.« Kraft geben ihr ihre Kinder – und die Musik: »Ich liebe Bach. Diese Klarheit und Struktur.« Und dann macht sie einfach weiter. 1972 wird sie Richterin am Hanseatischen Oberlandesgericht, 1984 als erste Frau Vorsitzende eines Familiensenats. Von 1991 bis 1993 und von 1997 bis 2001 ist sie Hamburgs Justizsenatorin, dazwischen die von Berlin.

2012 erscheint ihre Autobiografie »Selbstverständlich

»Macht auf euch aufmerksam! Hebt den Kopf, macht den Mund auf und sorgt dafür, dass man mit euch rechnet! Ergreift die Initiative! Vermarktet euch! Heftet euch, wenn es sein muss, eine Rose ans Revers und eine Feder an den Hut! Das Veilchen im Moose ist eine entzückende kleine Kostbarkeit, wird aber fast immer übersehen.«

gleichberechtigt«, in der sie vielen Frauen aus der Seele spricht. Vielen womöglich auch nicht: »Könnte es vielleicht sein, dass es manchen kinderlosen Frauen statt an Unterstützung am Willen und am Mut zum eigenen Kind mangelt? Und ist es möglich, dass manche der Zuhausebleiberinnen gerne einen gemütlichen Alltag genießen möchten? Beides wäre zu akzeptieren. Aber die so denkenden Frauen sollten ihre Gründe offen nennen, sie sollten weder Staat und Gesellschaft noch die eigenen Kinder für ihre Entscheidungen verantwortlich machen.«

Kinder seien nämlich eine Dauerfreude, sagt sie. Und erzählt noch ein bisschen von ihren Enkeln, bevor sie wieder am Schreibtisch hinter der Milchglasscheibe verschwindet. Was bleibt, ist ein Gefühl: dass man alles schaffen kann, wenn man nur für eine Sache brennt. Und mit ganzem Herzen lebt.

Quellen:
Persönliches Gespräch im November 2018.
Lore Maria Peschel-Gutzeit: Selbstverständlich gleichberechtigt. Eine autobiographische Zeitgeschichte. Hamburg 2012.

DOMENICA NIEHOFF

Prostituierte
03.08.1945–12.02.2009

Hamburger Adressen: Herbertstraße, Reeperbahn, Talstraße 69
auf St. Pauli (letzte Wohnadresse)
In Hamburg von 1972 bis 2001 und 2008 bis 2009

Die Hure mit dem großen Herzen

Hamburgs bekannteste Hure. Die Frau mit den großen Brüsten. Die Frau mit dem großen Herzen. Ihre Kindheit verbringt Domenica Niehoff hinter den Mauern eines Waisenhauses. Der Vater, ein Italiener, ist brutal. Ihre Mutter verlässt ihn, gerät aber auf die schiefe Bahn. Domenica ist etwa vier Jahre alt, als sie mit ihrem Bruder und ihrer Schwester zu katholischen Nonnen kommt. Andere Zustände. Und doch wieder Gewalt statt Liebe. Strenge statt Gefühl. »Wenn wir was ausgefressen hatten, wurden wir an den Haaren am Bettpfosten angebunden«, schreibt sie in ihrer Autobiografie. »Die anderen Kinder waren alle gebrochen. Wir drei Halbitaliener nicht.«

Domenica interessiert sich für Kunst und Kultur. Sehnt sich nach der Liebe ihrer Mutter. Erst als Domenica 13 Jahre alt ist, holt die sie zu sich zurück. Und zu ihrem gewalttätigen neuen Mann. Dort erlebt Domenica bald einen Schlüsselmoment, von dem sie später sagen wird, er war ihr Einstieg in die Prostitution: »Mein Knackpunkt-Erlebnis hatte ich schon mit 14. Meine Mutter, eine Zockerin und Ganovenbraut, erwischte mich am helllichten Tag bei meinem ersten Kuss, schlug mich und schrie: ›Hure! Hure!‹«

Domenica ist anders als ihre Familie. Feiner. Zarter. Sie träumte davon, Modezeichnerin zu werden. Und doch macht sie eine kaufmännische Ausbildung. Weil ihre Mutter das will, aber »meine Begabung lag ganz woanders. Die lag bestimmt nicht im trockenen Papier.« Sie

DOMENICA NIEHOFF

bricht die Ausbildung ab. Lernt mit 17 Jahren in Köln den 25 Jahre älteren Bordellbesitzer Kuno kennen, heiratet ihn – und erlebt zehn Jahre zwischen Luxus, Liebe und Leid: »Als ich aus dem Waisenhaus kam, hab ich gesagt, nie mehr werde ich mich von einem Menschen unterdrücken und einsperren lassen; ich wollte die totale Freiheit. Dann lernte ich diesen Mann kennen, der natürlich weit älter war, und der konnte mir die totale Freiheit nicht geben, weil er mich geliebt hat. Und da bin ich natürlich immer ausgebrochen. Der hätte mich am liebsten im Keller eingeschlossen.«

Kuno kämpft mit Geldsorgen, nimmt sich 1972 durch einen Schuss in den Kopf das Leben. Dieser Schuss, so Domenica später, habe sie wachgemacht. Durch Kuno bereits Teil der Szene, lernt sie den Zuhälter und Kneipenwirt Hanne Kleine kennen und geht zu ihm nach Hamburg. Aus Domenica, der Bordellbesitzergattin, wird Domenica, die Prostituierte. Und die Geliebte. Denn Hanne ist verheiratet. Domenica, die Zweitfrau, arbeitet in seinem Großbordell auf der Reeperbahn, dem »Palais d'Amore«. Jede Nacht bis vier Uhr morgens. So will sie ihm ihre Liebe beweisen. Doch Hanne verlässt seine Frau nicht. Und nach mehr als drei Jahren ist es Domenica, die geht. Hinüber in die Herbertstraße.

Eine rund hundert Meter lange, für Frauen und Jugendliche verbotene Straße, in deren Häusern Prostituierte in sogenannten Koberfenstern sitzen und sich den Freiern präsentieren. Für Domenica ein Neubeginn. Sie macht sich selbstständig. »Emanzen-Puff« wird ihr Haus schon bald genannt. Denn sie durchschaut die Szene. Prangert sie an, die Zuhälter. Ihre Gewalt und ihren hohen Verdienst an der Arbeit der Frauen – einer harten Ar-

»Früher haben mich viele richtig zur Minna gemacht, weil ich in den Medien auf das Tabu-Thema Prostitution hingewiesen habe. Die gleichen Leute kommen nun zu mir und fragen mich, ob ich ihnen mit ein bisschen PR helfen kann. Weil sie meinen, dann ist mehr los in ihrem Laden.«

beit, wie sie 1988 in einem Gespräch mit Alice Schwarzer sagt: »Weil das ein sehr schwerer Beruf ist. Den übersteht nicht jede unbeschadet, unbeschadet am Körper und an der Seele. Es ist auch nicht besser geworden in unserem Gewerbe. Aids. Arbeitslose Männer.« Als eine der Ersten macht sich Domenica in den 1980er-Jahren für die Legalisierung der Prostitution stark, weil sie findet, dass im Verbotenen mehr passiert als im Erlaubten. Sie kämpft um bessere Arbeitsbedingungen und eine Anerkennung als Beruf, um die gleichen Rechte wie andere Berufstätige zu bekommen. Das Ende des Tabus sei der erste Schritt in den Ausstieg. Domenica tingelt durch Talkshows. Der Schriftsteller Wolf Wondratschek schreibt ein Gedicht über sie. Sie ist auf einem Cover der Pop-Gruppe Trio. Prominente lassen sich gerne mit ihr fotografieren.

Später sagt sie im Rückblick: »Ich habe erreicht, dass mehr über Prostitution geredet wird. Dass nicht mehr so darüber getuschelt wird. Dass sich Mädels trauen, zu sagen: Ich war im Milieu, aber jetzt will ich aussteigen.« Gemeinsam mit Hamburger Sozialarbeiterinnen kämpft sie darum, dass Stellen für ehemalige Prostituierte ge-

schaffen werden, die als Streetworkerinnen Ausstiegshilfe leisten. Als dann endlich solche Stellen da sind, bietet man ihr eine an – und Domenica, inzwischen 45 Jahre alt und gut im Geschäft – steigt aus. Arbeitet als Streetworkerin im Hamburger Bahnhofsviertel St. Georg. Auf dem Drogenstrich. Ihre neue Arbeit beschreibt sie mit deutlichen Worten: »Ich betreue Drogenabhängige mit Abszessen, mit epileptischen Anfällen, mit Aids, Aussteigerinnen, die Dämonen sehen und Stimmen hören, HIV-infiziert und obdachlos sind, die – auf Deutsch gesagt – verrottet sind. Ich bin in das Grauen gekommen, habe meine ganzen Ersparnisse in diese Arbeit gesteckt und bin Tag für Tag fünfzehn Stunden auf der Straße herumgerannt. Ich habe den Mädchen einen Stammtisch eingerichtet, für den ich jeden Monat tausend Mark bezahlt habe. Verdienen tue ich zweieinhalbtausend. Ans Aufhören ist nicht zu denken, denn ich habe die kranken Menschen mit zu mir nach Hause genommen und betreue sie teilweise auch bei mir.«

Domenica will Übermenschliches leisten. Und spürt, dass sie daran zerbricht. 1997 gibt sie auf, eröffnet ein Jahr später eine Kneipe am Fischmarkt, die sie 2000 wegen Steuerschulden schließen muss.

Als ihr Bruder stirbt, verlässt sie 2001 Hamburg und zieht in sein Haus in die Eifel. »Aber als ich dann nur Ruhe hatte, wollte ich auch schnell wieder da weg.« Zurück nach Hamburg. Eine Sozialwohnung, kaum Geld, den Blick auf ihren alten Kiez. So verbringt Domenica ab 2008 ihre letzten Monate. Keine Bitterkeit. Kein Hass. »Dreht man sein Leben so, dass man ewig tragisch rumläuft und sagt, ich bin die tragische Nummer? Oder sagst du, Mensch, ich werf den Dreck weg und will nach vor-

»*Meine Mutter hat ja wenigstens vor ihrem Tod noch umgedacht und sich wunderbar mit mir versöhnt. Sie hat noch zu mir gesagt: ›Dass du Hure geworden bist, ist nicht schlimm. Aber dass du nichts gespart hast, das ist wirklich schlimm.‹«*

ne, ich will was anderes sehen, was Schönes, bringt mich ans Licht?«

Am 12. Februar 2009 stirbt Domenica im Allgemeinen Krankenhaus Altona. Schwer lungenkrank. 500 Menschen geben ihr auf St. Pauli das letzte Geleit. Die Fenster der Herbertstraße sind schwarz verhangen. Eine Kapelle spielte »La Paloma«. Domenicas Lieblingslied.

Quellen:
Domenica: Körper mit Seele – Mein Leben. München 1994.
Gesine Enwaldt: Ausgestiegen. Das harte Leben der Ex-Huren.
NDR 2011 (TV-Dokumentation).
Homepage des Vereins »Garten der Frauen e. V.«:
www.garten-der-frauen.de
»*Meine Erfahrungen als Prostituierte habe ich abgeschüttelt wie eine Ente das Wasser*«. Interview mit Domenica Niehoff. In: Das Magazin vom 24.08.1996.
»*Ex-Hure spricht über den Kiez und das Älterwerden*«. Interview mit Domenica Niehoff. In: Die Welt vom 02.06.2008.
»*Der Kiez weinte – Abschied von Domenica*«. In: Hamburger Abendblatt vom 28.02.2009.
Alice Schwarzer: Ein Besuch bei Domenica. In: Emma, Oktober 1988.
Alice Schwarzer (Hrsg.): Prostitution – Ein deutscher Skandal:
Wie konnten wir zum Paradies der Frauenhändler werden? Köln 2013.

KIRSTEN BOIE

Schriftstellerin
19.03.1950

Hamburger Adressen: Barmbek, Billstedt, heute im Osten
von Hamburg
In Hamburg seit 1950

Weil Lesen stark macht

Wenn Kirsten Boie erzählt, dann klingt das, als würde sie aus einem spannenden Buch vorlesen. Etwas verhalten. Leise. Mitreißend. Früher als Lehrerin am Gymnasium hat sie die Klasse damit immer begeistert: »Ich sagte den Schülern, wenn wir unser Thema in den nächsten 35 Minuten schaffen, lese ich die letzten zehn Minuten vor. Am Gymnasium war das ein super Deal.« Dann wechselt sie Ende der 1970er-Jahre auf eine Gesamtschule im Brennpunkt Mümmelmannsberg. Und plötzlich zeigt der Deal keine Wirkung mehr: »Die meisten Schüler wollten gar keine Geschichten hören. Für sie war das eine Qual.« Vielleicht berührt diese Erkenntnis sie deshalb so sehr, weil sie es als kleines Mädchen genossen hat, in Geschichten zu versinken: »Meine Eltern hatten kein Abitur, waren aber sehr bildungsorientiert in dem Sinne, dass sie Bildung schätzten und ich mit dem Gefühl aufgewachsen bin, Menschen, die gebildet sind – das sind die, die man am meisten respektiert. Geld oder Titel spielen keine große Rolle.«

Kirsten Boie lehnt sich zurück und schaut auf viele Bücher, denn wir sitzen im Wintergarten der Buchhandlung »Samtleben« im Literaturhaus. Draußen glitzert die Alster. »Man sagt, dass der Bildungsabschluss der Kinder vom Bildungsgrad des Elternhauses abhängt. Ich glaube gar nicht, dass das so entscheidend sein muss. Entscheidend ist, wie die Eltern sich zum Thema Bildung verhalten. Ob ihnen bewusst ist, wie wichtig das ist, und ob sie die Kinder ermutigen.« Sie erinnert sich an die Zeit, als sie als Sechsjährige an Scharlach erkrankt war und das Bett hüten musste. Jeden Abend brachte der Vater ihr neue Bücher mit: »Wir hatten wenig Geld und er hat sich von Arbeitskollegen Bücher geliehen. Eines davon war ›Pippi Langstrumpf‹. Daran kann ich mich erinnern, weil meine Mutter dabei saß und die Geschichte so witzig fand.« Viele weitere Bücher von Astrid Lindgren kommen später dazu. Außerdem Erich Kästner. Aber auch Enid Blyton. Und Karl May. Mit zehn Jahren. Wieder liegt sie krank im Bett, nach einem Unfall auf der Eisbahn: »Da haben mir Freunde Bücher gebracht. Eines war ›Der Schatz im Silbersee‹. Ich weiß, dass ich es zuerst langweilig fand und zur Seite legte. Aber als ich nichts mehr hatte, hab ich es gelesen. Und wenn man einmal angefixt ist von einem Buch, hält man durch, liest weiter und weiß, da kommt noch so viel.«

Genau diese Leidenschaft will Kirsten Boie, die nicht nur Lehrerin für Deutsch und Englisch, sondern auch promovierte Literaturwissenschaftlerin ist, weitergeben, doch als sie 1983 mit ihrem Mann ein Baby adoptiert, verlangt das Jugendamt, dass sie ihre Arbeit als Lehrerin aufgibt. Damit hat sie in Zeiten der beginnenden Frauenbewegung nicht gerechnet: »In Hamburg war

> »*Ich glaube, dass Kindheit nicht so glücklich ist, wie wir es uns immer vorstellen. In jeder Kindheit gibt es Kümmernisse, die erscheinen uns so lächerlich, aber die sind für die Kinder so unendlich groß.*«

»Ich hab die Zeit mit den Kindern unglaublich genossen und bin wahnsinnig dankbar dafür, aber: nur Kinder? Und nur Haushalt? Das wollte ich nicht.«

es anders, aber wir wohnten hinter der Stadtgrenze in Schleswig-Holstein. Bei einem leiblichen Kind wäre die Familienpause ein halbes Jahr gewesen. Dass das nicht ging, warf meine Lebensplanung durcheinander, denn wir hatten mit anderthalb Gehältern kalkuliert. Ich dachte mir, dann schreibe ich von zu Hause aus Heftromane, das merkt keiner. Das war der Auslöser für mein erstes Buch, das ja nun kein Heftroman war.«

Es ist das 1985 erschienene »Paule ist ein Glücksgriff«. Ein Buch über ein adoptiertes Kind. Und obwohl sie in dem Jahr noch ein zweites Kind adoptiert, habe die Geschichte nichts Autobiografisches – »abgesehen von dem Kapitel, in dem die Frau vom Jugendamt kommt und die Mutter völlig durchdreht und das ganze Haus putzt«. Kirsten Boie schreibt und schreibt und findet immer neue Zeitmodelle, denn »den Kindergarten gab es erst ab vier Jahre. Häufig habe ich nachts geschrieben. Oder frühmorgens.« Blöd nur, dass ihre Kinder ihre Bücher nicht lesen wollten: »Sie sagten, das seien ja keine richtigen Bücher, wenn sie von mir sind. Vielleicht eine ganz vernünftige Haltung, denn eine Mama ist eben eine Mama.«

Bis heute hat sie mehr als 100 Bücher geschrieben. Über die erste Liebe in »Mit Jakob wurde alles anders«, über Obdachlosigkeit in »Ein mittelschönes Leben«, über

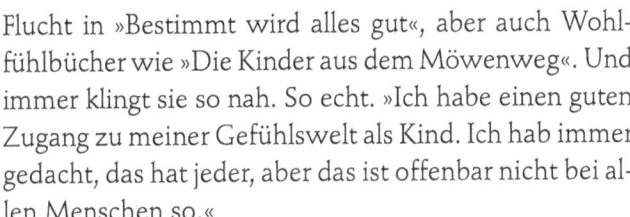

Flucht in »Bestimmt wird alles gut«, aber auch Wohlfühlbücher wie »Die Kinder aus dem Möwenweg«. Und immer klingt sie so nah. So echt. »Ich habe einen guten Zugang zu meiner Gefühlswelt als Kind. Ich hab immer gedacht, das hat jeder, aber das ist offenbar nicht bei allen Menschen so.«

Kurz nachdem 2000 die erste PISA-Studie erscheint, baut Boie mit Lehrer-Kollegen in Wilhelmsburg das Projekt »Die Insel liest« auf. Parallel beteiligt sie sich am »Buchstart Hamburg«, bei dem jedes einjährige Kind eine Buchstart-Tasche bekommt. Im Frühling 2018 dann ein Beitrag in der Wochenzeitschrift »Die Zeit«. Darin schreibt sie: »Lese ich an Schulen, die in sozialen Brennpunkten liegen, Hochhausgegenden, in denen Eltern wenig verdienen oder von Hartz IV leben, Bezirken mit einem hohen Anteil an Kindern mit Migrationshintergrund, sitze ich vor Schülern, die mir oft nur aus Höflichkeit zuhören. Die 20 Minuten tapfer durchhalten, gehen und meine Geschichten schnell vergessen. In ihren Köpfen entstehen keine Bilder, sie empfinden keine Spannung. Ihr erstes Buch haben nicht wenige von ihnen erst in der Schule kennengelernt, wenn nicht vorher zufällig eines im Happy Meal einer Hamburgerkette zu finden war. Das klingt diskriminierend? Das ist die Realität.« Danach startet sie die Petition »Jedes Kind muss lesen lernen«, die von 117.000 Menschen unterschrieben an die Bundesbildungsministerin und die Kultusministerkonferenz geht. Eine der Kernaussagen: Auch wenn Leseförderung im Elternhaus beginnen muss – es gibt Eltern, die schaffen das nicht, und darum müssen Schulen für diese Aufgabe stark gemacht werden.

Mit ihrem Mann hat Kirsten Boie inzwischen die

»Weil sich der Leser bei der Lektüre ständig mit seinen eigenen Erfahrungen, auch Gefühlen auseinandersetzen muss, kann jede Lektüre die Wirkung einer kleinen Psychotherapie entfalten.«

Möwenweg-Stiftung gegründet – und trägt damit gemeinsam mit einer anderen Stiftung ein Aids-Waisen-Projekt in Afrika. Rund 4000 Kinder in Swasiland bekommen warme Mahlzeiten, medizinische Betreuung, aber auch Bildung und: Leseförderung. »In der Landessprache gibt es keine Kinderbücher. Aber es gibt Internetportale, die rechtefrei Geschichten anbieten und aus denen ich Bilderbuchanthologien für die Kinder zusammengestellt habe.« Kirsten Boie fliegt jedes Jahr mehr als einmal nach Swasiland: »Ich erlebe Großmütter, die Kinder großziehen und sie abends hungrig ins Bett schicken müssen, frierend im Winter, auf dem Boden schlafend und ohne eine Decke. Das zu sehen, verändert etwas. Dann wird man unglaublich dankbar.«

Quellen:
Persönliches Gespräch im Januar 2019.
Kirsten Boie: Es ist zum Weinen. In: Die Zeit, 23/2018.
Homepage von Kirsten Boie: www.kirsten-boie.de
Homepage der Möwenweg-Stiftung: www.moewenweg-stiftung.de

CORNELIA FUNKE

Schriftstellerin
10.12.1958

Hamburger Adressen: Poppenbüttel, Wellingsbüttel, Wohldorf
In Hamburg von 1978 bis 2005

Von Hamburg nach Hollywood

Weite Felder säumen die Hummelsbütteler Landstraße, die zwischen den Stadtteilen Langenhorn und Hummelsbüttel nach Schleswig-Holstein führt. Da sind das dichte Waldgebiet des Raakmoors, kleine Reiterhöfe, der Hummelsee und schmale Wege zwischen hohen Brombeerhecken. Und da ist ein Bauspielplatz, idyllisch gelegen. Wer den schmalen Weg dahinter noch ein wenig weitergeht, steht plötzlich in einer dicht bebauten Hochhaussiedlung: dem Tegelsbarg. Ein sozialer Brennpunkt. Der kleine Bauspielplatz schafft es seit Jahrzehnten, Kinder und Jugendliche zusammenzubringen und ihnen eine zweite Heimat zu sein, egal woher sie kommen. Was wenige wissen: Auf diesem Bauspielplatz arbeitet in den frühen 1980er-Jahren Cornelia Funke. Und genau an diesem Ort trifft sie Kinder, deren Geschichten sie nie vergisst und die sich später in ihren Büchern wiederfinden.

Geschichten lesen, entdecken und erzählen, das begeistert Cornelia schon als Kind. Das zurückhaltende Mädchen, das sich bewusst Freunde sucht, die zu ihr passen, und keine modischen Cliquen mag, verschlingt Geschichten und träumt davon, als Astronautin ins All zu fliegen. Nach dem Abitur in Dorsten geht sie 1978 nach Hamburg, studiert Pädagogik und lernt ihren Mann kennen, den acht Jahre älteren Rolf Frahm. Die beiden heiraten und ziehen in ein Siedlungshaus am Rande von Poppenbüttel. Haben einen Gemüsegarten und einen Hühnerstall, der an den aus »Die Wilden Hühner« erinnert. Und genau wie deren Hauptfigur Sprotte trifft Cornelia auf dem wenige Kilometer entfernten Bauspielplatz auf Kinder, die sehr auf sich allein gestellt sind. Sie hilft bei den Schularbeiten, fördert ihre Kreativität und studiert parallel Buchillustration, während Rolf Architektur studiert.

Nach dem Studium illustriert sie die Bücher anderer Autoren – und findet das ziemlich langweilig. Denn statt Häuser und Familienszenen will sie Drachen, Seeungeheuer und Fabelwesen zeichnen. Also veröffentlicht sie 1988 selbst ein Buch, »Die große Drachensuche«, im Arena Verlag. Im Jahr drauf erscheinen mit dem Weihnachtsbuch »Hinter verzauberten Fenstern« und »Kein Keks für Kobolde« gleich zwei weitere Bücher. Und am Ende des Jahres kommt Anna-Lena zur Welt, Cornelias und Rolfs erstes Kind. Für sie entstehen die »Anna-Geschichten«, die 2007 im Dressler Verlag veröffentlicht werden. Ihr widmet sie »Tintenherz«, das erste Buch der seit 2003 erscheinenden Tintenwelt-Trilogie: »Für Anna, wunderbare Anna«. Weil Anna der Heldin Meggie ähnlich ist und wohl auch, weil Cornelia das Buch so liebt: »Noch nie ist mir das Schreiben so leichtgefallen wie bei Tintenherz, noch nie hat sich eine Geschichte so aufs

»In den ›Wilden Hühnern‹ stecken Erinnerungen an meine Kindheit und meine Zeit auf dem Bauspielplatz Tegelsbarg in Hamburg, wo ich als Sozialarbeiterin gearbeitet habe. Manche Kinder habe ich unverändert in meine Bücher übernommen, andere habe ich erfunden.«

»Wir Deutschen haben ein seltsames Verhältnis zu Kindern, wir schämen uns meist für all das, was uns selbst noch an das Kind in uns erinnert.«

Papier gedrängt – vielleicht weil es eine Geschichte über meine eigene Leidenschaft ist, die Leidenschaft für Bücher, aber auch fürs Vorlesen.«

Cornelia, Rolf und Anna ziehen von Poppenbüttel in ein größeres Haus mit Garten nach Wellingsbüttel. Und dann, als 1994 Ben zur Welt kommt, in eine alte Rotklinkervilla direkt an der Alster nach Hamburg-Wohldorf. Dort leben sie mit zwei Islandpferden, Mischlingshund Luna und 1000 wunderbaren Geschichten, die alle noch geschrieben werden möchten. Und während die Kinder im Kindergarten oder in der Schule sind und Rolf als Hausmann, Hobbykoch und bester Berater Cornelia den Rücken freihält, entstehen in der ersten Etage am Schreibtisch mit Blick auf die Alster Geschichten wie »Gespensterjäger«, weitere Folgen der »Wilden Hühner«, »Drachenreiter«, »Hände weg von Mississippi« … Cornelia, die ihre Geschichten immer erst in ein Notizbuch und dann in den Computer schreibt, arbeitet maximal sechs Stunden am Tag, meistens frühmorgens, um sich am Nachmittag um die Kinder kümmern und die Familie genießen zu können.

2002 geschieht dann in England etwas, von dem sie nichts ahnt: Ein kleines, zweisprachig aufwachsendes Mädchen schreibt dem Harry-Potter-Verleger Barry Cunningham und fragt, warum es ihr Lieblingsbuch, das

2000 erschienene »Herr der Diebe« nicht auf Englisch gibt. Der Verleger macht sich auf die Suche nach der deutschen Autorin und veröffentlicht »The Thief Lord« 2002 bei Chicken House. Als der Titel auch bei Scholastic in den USA herauskommt, steht er auf Platz 2 der Bestsellerliste der »New York Times«. Cornelias internationaler Durchbruch! »Tintenherz« erscheint danach zeitgleich in Deutschland, Großbritannien, den USA, Kanada und Australien und landet auf den internationalen Bestsellerlisten. Cornelia verkauft die Filmrechte nach Hollywood. 2005 setzt das »Time Magazine« sie auf die Liste der 100 einflussreichsten Persönlichkeiten weltweit. Mehr als 60 Bücher bringt sie bis heute heraus, verkauft weltweit über 26 Millionen Exemplare. Ihre Titel werden in über 50 Sprachen übersetzt.

Cornelia, die Drachen aus Stoff, Papier und Porzellan sammelt, die Kartoffeln liebt und deren Probeleserin Tochter Anna ist, erreicht mit ihrer schönen, klaren, poetischen Sprache längst auch erwachsene Leser und findet es schade, dass es in Deutschland eine so klare Trennung zwischen Kinder- und Jugendbüchern und Erwachsenenliteratur gibt, auch aus Sicht der Kritiker: »Im englischen Sprachraum kamen viele klassische Geschichten schon immer aus dem Bereich des Kinderbuches – Dr. Dolittle, Peter Pan, das Dschungelbuch, Huckleberry Finn, der Zauberer von Oz, die Liste ist beliebig fortsetzbar. Und schon immer war dort die Grenze zwischen Kinder- und Erwachsenenbuch wesentlich fließender als bei uns.«

2005 stimmen ihre Kinder Anna und Ben, inzwischen 15 und 10 Jahre alt, dafür, von Hamburg nach Los Angeles umzuziehen. Später wird Funke über diese ers-

»Ich glaube inzwischen, dass das Ziel des Lebens nicht unbedingt das Glück ist. Das Leben gleicht wohl eher einem Hürdenlauf: Die schweren Zeiten gehören dazu.«

ten Monate in den USA und Rolf, ihren Mann, sagen: »Wir waren 26 Jahre lang verheiratet, 24 Stunden am Tag zusammen, doch das letzte Jahr hier in Kalifornien war das schönste.« Und doch war es nur ein knappes Jahr, denn Anfang 2006 stirbt Rolf mit 56 Jahren plötzlich an Krebs. Cornelia bleibt mit den Kindern in Los Angeles, widmet ihm den letzten Band der Tintenwelt-Trilogie: »Tintentod«.

Heute lebt sie in Malibu auf einer alten Avocado-Farm. Ihr Schreibhaus, in dem unter anderem die »Reckless«-Reihe entsteht, ist eine Traktorscheune aus Metall. Pazifischer Ozean statt Alsterlauf. Und doch immer wieder Geschichten, die entstehen, wachsen – und von denen viele ihre Wurzeln in Hamburg haben. Im Norden der Hansestadt, wo alles begann.

Quellen:
Christian Bärmann: »Los Angeles ist für mich wie eine Tintenwelt«.
In: Bücher, 2008.
Lisa Frieda Cossham: »Man kann nicht alles allein schaffen«.
In: Süddeutsche Zeitung Magazin, 10/2013.
Wieland Freund: Die einflussreichste Deutsche der Welt. In: Die Welt vom 15.04.2005.
Homepage von Cornelia Funke: www.corneliafunke.com
Hildegunde Latsch: Cornelia Funke. Spionin der Kinder. Hamburg 2008.
Louis Lewitan: »Das Ziel des Lebens ist nicht unbedingt das Glück«.
In: Zeit-Magazin, Nr. 24/2015.
Homepage des Dressler Verlags: www.dressler-verlag.de

DOROTHEE VIETH

Handbikerin
12.10.1960

Hamburger Adresse: Osdorf
In Hamburg seit 1960

Der Wahrheit ins Gesicht

Billie ist neugierig. – Sie steckt sofort ihre Schnauze in den Wintergarten, durch den man das Doppelhaus im Stadtteil Osdorf über eine Rampe betritt. »Brauchen Sie Puschen?«, fragt Dorothee Vieth und reicht mir blaue Hausschuhe in der richtigen Größe. Die zierliche Frau mit den kurzen dunklen Haaren und den hellblauen Augen bewegt sich geschickt in ihrem sportlich aussehenden Rollstuhl hinein ins Haus. Deutet auf einen großen Holztisch, an dem Billie bereits in einem Korbsessel Platz genommen hat, dann aber lieber gleich auf meinen Schoß springt. »Sie liebt Menschen«, sagt Dorothee Vieth und schaut kopfschüttelnd auf die anhängliche Katze. »Billie läuft auch gerne weg. Dann hat sie wieder einen Menschen toll gefunden und ist hinterhergerannt. Sie glauben gar nicht, von wo wir sie schon überall abholen mussten.« Dass sie nach einer berühmten Jazz-Sängerin heißt, ist der getigerten Katzendame egal. Als Baby holen Dorothee Vieth und ihre Frau, eine Sonderpädagogin, das Tier aus dem Heim. Seitdem lebt sie bei den beiden ein gemütliches Katzenleben im äußersten Westen von Hamburg.

Puschen an den Füßen. Regenprasseln auf dem Glasdach. Im Becher dampft heißer Kaffee. So sitzen wir am Holztisch. Und Dorothee Vieth beginnt zu erzählen. »Bei uns in der Familie wurde immer Musik gemacht. Mein Vater hat begeistert im Kirchenchor gesungen. Unsere Mutter war sehr musikalisch, ab vier Jahren haben meine drei Brüder und ich bei ihr Flötenunterricht bekommen. Mit acht bekam ich Geigenunterricht.« Als ihre Mutter jung stirbt, heiratet der Vater eine Musiklehrerin. »Sie brachte eine Tochter mit, die auch in unserem Alter war. Ich war das Nesthäkchen.« Ab dem Teenageralter arbeitet Dorothee Vieth ehrenamtlich in der Behindertenhilfe, lernt dort auch ihre spätere Frau kennen. Vieth studiert, wird Diplom-Musiklehrerin für das Fach Violine und fasst rasch als freiberufliche Geigenlehrerin Fuß. – Und Sport? Dorothee Vieth lächelt. Ja, sie habe viele Wege mit dem Fahrrad gemacht. Mochte Jogging, Skifahren, Surfen, Skaten. Sei immer recht fit gewesen. Und ganz früher, da habe sie im Verein Volleyball gespielt, es dann aber wegen des Studiums beendet. Zu gefährlich für die Hände, die so wichtig sind für eine Geigerin.

Volleyball. Gefährlich. Für die Hände. Das klingt wie Hohn, wenn man hört, was danach geschah. Im Jahr 2002. In Hamburg-Altona auf der Max-Brauer-Allee. Dorothee Vieth ist mit dem Motorroller unterwegs. »Der Pkw muss direkt vor mir aufgetaucht sein«, sagt sie. Der Aufprall zertrümmerte ihr Becken. Dorothee Vieth kann sich erst wieder an den Moment im Krankenhaus erinnern: »Ich lag auf dem Rücken, weil eines meiner Beine irgendwo festgeschnallt war. Ich habe meine Arme gedreht, mir meine Hände angeguckt und gedacht, okay, die Hände sind in Ordnung, dann kann ich meinen Beruf weiter ausüben, dann muss ich hier nur noch wieder rauskommen.« Im Nachhinein sei das eine gute Einstellung gewesen. Rauskommen. Weitermachen. Auch wenn die Schmerzen unerträglich waren. »Ich bekam Morphium. Und immer wieder hieß es,

»Ich hab von Anfang an nie mit etwas gehadert. Das war mein Glück.«

wie toll alles operiert ist und wie gut die Knochen wieder zusammengebaut sind.«

Worüber die Ärzte nicht sprechen, sind die Nerven im Becken. »Meine Frau hatte es von Anfang an verstanden. Aber ich war so voller Schmerzmittel. Und später dachte ich immer, ich komme wieder raus aus dem Rollstuhl, ich werde wieder laufen. Und ich habe trainiert. Und trainiert.« Auch das mag ein Glück gewesen sein. Fast zwei Jahre dauert es, bis sie versteht: Sie wird diesen Rollstuhl brauchen. Ein Leben lang. Immer wieder schöpft sie Hoffnung. Aber immer wieder nimmt sie auch neue Chancen wahr. Ein angemessener Rollstuhl, um sich selbstständig bewegen zu können. Dann ein Vorspannbike, zu dem ihre Frau sie drängt, damit sie wieder gemeinsam Radtouren machen können.

»Ich lieh mir im Sanitätshaus ein Vorspannbike, ein sogenanntes Adaptivbike aus. Als ich damit nach Hause fuhr, war es um mich geschehen. Ich habe es gekauft.« Dann ein Leuchten im Blick, der an die gegenüberliegende Wand geht. Zu den Bildern. Den Medaillen. »Mein erstes Rennen war 2004 auf Breitensportbasis. – Ich hab gewonnen!«

Und Vieth gewinnt immer wieder. Ist schneller als jede andere Frau im Vorspannbike. Auf den Rennen sieht sie auch Racebikes. Wie schnell wäre sie wohl damit? Sie probiert es aus – wieder erfolgreich. Am Kauf des um die 20.000 Euro teuren Racebike beteiligen sich neben dem Hersteller auch der HSV und die Alexander Otto Sportstiftung. »Mit Mitte 40, also ganz schön alt, um mit dem Leistungssport anzufangen, dachte ich, das wäre doch was für die Paralympics. Dann habe ich eine Mail an den Bundestrainer geschrieben und wurde eingeladen: ins Trainingslager der Nationalmannschaft.«

2008 startet Vieth bei den Sommer-Paralympics in Peking und wird jeweils Dritte im Einzelzeitfahren und im Straßenrennen. 2009 wird sie Hamburgs Sportlerin des Jahres. 2011 ist sie Weltmeisterin im Straßenrennen. Und bei den Sommer-Paralympics 2012 in London gewinnt sie im Einzelzeitfahren Silber und im Straßenrennen Bronze. Vier Jahre später in Rio de Janeiro der absolute Höhepunkt: die Goldmedaille im Einzelzeitfahren. Für Dorothee Vieth der perfekte Zeitpunkt, ihre Karriere als Profisportlerin zu beenden. Sportlich bleibt sie dennoch. Spielt Tennis, fährt weiter auf ihrem Rad.

Ihren Beruf als Geigenlehrerin hat sie auch während der sportlichen Karriere nie eingeschränkt. Ein Beispiel für andere sei sie, sagen Freunde. »Ich will nicht so ein Gewese um mich machen. Aber es freut mich natürlich,

»*Nach zwei Jahren habe ich angefangen einzusehen, dass ich nie mehr so richtig laufen werde. Trotzdem habe ich von Anfang an den Rollstuhl akzeptiert, denn mit ihm kann ich alles machen. Mit Krücken kriegt man nicht einmal den Kaffeebecher von der Küche zum Tisch.«*

wenn ich anderen Mut machen kann.« Mut, den sie nie zu verlieren scheint. Auch nicht, wenn Bürgersteigkanten zu hoch oder Bahnreisen zu umständlich sind. Oder wenn die Schmerzen, die sie seit ihrem Unfall täglich hat, trotz Schmerzmittel nicht aufhören. Da seien eben auch Glücksmomente. Ganz andere als vor dem Unfall. Das erste Mal wieder stehen. Das erste Gold. Oder die Gewissheit, Menschen um sich zu haben, die auch in schlimmen Zeiten da sind.

Vielleicht genießt sie auch anders. Radtouren an der Elbe oder über Wedel raus nach Elmshorn. Reisen durch Schweden. Die Musik. Den Garten. Und Billie, die so tief und fest schläft, dass ich ein leises »Entschuldigung« murmele, als ich beim Abschied meine Tasche unter ihrem Po wegziehe. – Billie ist müde.

»Ich arbeite diszipliniert. Deshalb hab ich es auf der Geige auch so weit gebracht. Und das gilt auch für den Sport: Wenn ich etwas erreichen will, muss ich mich heute darum kümmern und kann es nicht auf nächste Woche verschieben.«

Quellen:
Persönliches Gespräch im Dezember 2018.

ISABELLA VÉRTES-SCHÜTTER

Intendantin
22.04.1962

Hamburger Adressen: Othmarschen, Boberg, Winterhude
(Wohnadressen), Friedrich-Schütter-Platz 1 (Ernst Deutsch Theater)
In Hamburg seit 1962

Starke Schritte auf eigenen Wegen

Lange schwarze Haare, perfekte Figur, feingliedrige Hände mit feuerrot lackierten Fingernägeln und ein herzliches Lachen. Isabella Vértes-Schütter ist eine auffallende Erscheinung. Stilvoll, sympathisch und nahbar. Ihr Büro ist unspektakulär, gemütlich und mit Blick auf die große Kreuzung vor dem Mundsburg Center. Dass sie ein Traditionstheater mit 120 Mitarbeitern leitet, für die SPD in der Bürgerschaft Kulturpolitik macht und Vorstandsvorsitzende der Stiftung Kinder-Hospiz Sternenbrücke ist – »ist sicher ein Lebensweg, den ich so nicht geplant habe«, sagt sie. Und doch ist es ein Weg, der ihrer ist.

Schon als Kind ist ihr die Welt der Bühne Heimat. Ihre Mutter, die international bekannte Opernsängerin Helga Pilarczyk, nimmt Isabella und ihren zwei Jahre jüngeren Bruder häufig mit in die Staatsoper. Ihr Vater, ein Ungar, der im diplomatischen Dienst tätig und 1956 aus Ungarn geflohen war, arbeitet in Hamburg als Exportmanager bei Steinway & Sons. Er, dessen jüdische Mutter im Nationalsozialismus umgekommen ist und der alle anderen Angehörigen im Umfeld des Aufstandes verloren hat, spricht nicht über Ungarn, ist traumatisiert. Die Mutter reist um die Welt, zieht sich dann aber für viele überraschend von der Bühne zurück: »Sie war auf dem Höhepunkt ihrer Karriere, wollte sich aber mehr der Familie widmen«, erinnert sich Isabella Vértes-Schütter, »aber das ist für uns alle nicht so aufge-

gangen, wie sie sich das vorgestellt hat.« Die Ehe zerbricht. Endgültig als Isabella zwölf Jahre alt ist: »Für mich eine Zeit, in der ich mich sehr mit Themen wie Verlust, Trennung und Tod befasst habe. Was ist Krankheit, was Gesundheit? Was bedeutet Leben, was Tod? – Das hat mich damals sehr beschäftigt.«

Isabella Vértes-Schütter wird krank. »Magersucht beschreibt das, woran ich erkrankt war, am ehesten. Eine Verweigerung, die sich gegen einen selbst richtet, gegen das Leben, gegen das Frauwerden.« Sie, die bereits in der Schulzeit bei der berühmten Hamburger Schauspiellehrerin Prof. Annemarie Marks-Rocke Schauspielunterricht bekam und sich nie etwas anderes vorstellen konnte, als auf der Bühne zu stehen, sieht diesen Weg verbaut. Rückblickend womöglich, um sich selbst zu begreifen, sich zu helfen, beginnt sie, Schülerin am Christianeum, nach einem 1,0er-Abitur Medizin zu studieren. Ihr praktisches Jahr absolviert sie in der Jugendpsychiatrie. Ihre Doktorarbeit schreibt sie über ein experimentelles Thema aus der Krebsforschung. »Je weiter ich im medizinischen Bereich kam, desto klarer wurde mir, dass der Weg wieder frei ist – ich war nicht mehr krank. Dadurch wuchs der Wunsch, meine Energie künstlerisch einbringen zu können.« Sie beendet ihr Medizinstudium, eine

»*Theater ist immer meine Heimat gewesen, da meine Mutter Opernsängerin war und ich als Kind viel mit ihr mitgereist bin und in der Staatsoper oft bei den Proben dabei war. Die Bühne war immer ein Zuhause für mich.*«

»Es war wie eine neue Vereidigung. Als ich wieder eingestiegen bin, hat es sich anders angefühlt. Und ich habe für mich geklärt, dass ich mir das Spielen wieder zurückerobern muss.«

Stelle in der Kinder- und Jugendpsychiatrie aber lehnt sie ab und widmet sich dem Schauspielstudium.

Nach der bestandenen Schauspielprüfung spricht sie am Thalia-Theater und am Ernst Deutsch Theater vor, bekommt am Thalia einen Gastvertrag im »Pariser Leben« und am Ernst Deutsch Theater 1987 in »Der leere Stuhl« von Peter Ustinov. Dort lernt sie auch Friedrich Schütter kennen, den Intendanten des Ernst Deutsch Theaters. »Er war 42 Jahre älter als ich, aber es war für mich das Gefühl: Das ist mein Mensch im Leben. Ich war mir ganz sicher.« Doch als Isabella Vértes-Schütter schwanger wird, zieht er sich zurück. »Also dachte ich: Dann gehe ich den Weg alleine weiter. Erst im Nachhinein habe ich begriffen, dass die Situation auch bei ihm Unsicherheiten und Ängste ausgelöst hatte. Wir haben uns nach Daniels Geburt wiedergetroffen und uns lachend gefragt, was denn eigentlich war. Wenige Wochen später, Ende 1990, haben wir geheiratet.«

Fünf glückliche Jahre, dann bricht Friedrich Schütter im Sommer 1995 auf der Bühne zusammen. »Im Krankenhaus stellte man fest, dass es keine Chance auf Heilung gibt.« Dreieinhalb Wochen später stirbt er – »an einem Sonntag, und gleich am Montag habe ich die Geschicke des Theaters in die Hand genommen.« Dass sie

dazu bereit ist, hatte sie ihm ein Jahr vorher vor einer Bypass-OP zugesichert, jedoch nicht gedacht, dass es so schnell dazu kommen könnte. Da sie selber bereits das »Festival der Frauen« in der Kulturfabrik Kampnagel geleitet hat, stellt sie sich der vollen Verantwortung, übernimmt zur Intendanz auch die Geschäftsführung. »Ich war so getragen davon, dass ich Friedrich versprochen hatte, mich um unser Kind, mich um das Theater zu kümmern. Das war vielleicht auch meine Trauerarbeit.«

Einige Jahre später nutzt sie ihre Prominenz, um das Kinder-Hospiz Sternenbrücke mit aufzubauen, von dessen Stiftung sie heute die Vorstandsvorsitzende ist. 2004 übergibt sie dann die Intendanz auf begrenzte Zeit an Volker Lechtenbrink, »weil ich für mich klären wollte: Ist diese Arbeit das Vermächtnis meines Mannes, oder ist es wirklich meine Lebensaufgabe?« Sie, bereits seit 1994 Mitglied der SPD, macht Kulturpolitik, macht Wahlkampf – und weiß schon bald, ja, sie ist und bleibt die Intendantin des Ernst Deutsch Theaters. Nach anderthalb Jahren ist sie zurück und entscheidet sich, zusätzlich auch wieder auf der Bühne zu stehen. Dann, 2011, ein Versehen mit Folgen: Vom vermeintlich »sicheren« Listenplatz 60 wählen die Hamburger sie in die Bürgerschaft. Und auch dort bleibt sie, wird kulturpolitische Sprecherin ihrer Fraktion.

Kraft, das alles zu stemmen, schöpft sie aus ihrer Familie. Meistens treffen sich alle beim Frühstück am

»*Ich bin immer sehr an Menschen interessiert gewesen. Dadurch haben sich dann unterschiedliche Wege ergeben.*«

»Dass vielen jungen Frauen heute Unabhängigkeit nicht mehr so wichtig ist, liegt womöglich daran, dass sie nicht dafür kämpfen mussten.«

Samstagmorgen. Sohn Daniel, der inzwischen verheiratet, selbst Vater und ebenfalls Schauspieler ist. Der acht Jahre jüngere Sohn Mischa aus einer späteren Beziehung, der auch Schauspieler werden will. Adoptivtochter Jenny, die Isabella Vértes-Schütter im Teenageralter in die Familie aufgenommen hat. Dazu die Kinder einer Familie aus dem Kinderhospiz, die zwischenzeitlich bei ihr lebten, da sie um ihre Schwester trauerten und eine Zeit lang ein anderes Umfeld brauchten. Und bis zu ihrem Tod 2011 ihre Mutter, die bis heute ihr größtes Vorbild ist.

Ein Blick zur Uhr – gleich fängt die Probe zu »Der Fall Furtwängler« an, Isabella Vértes-Schütter muss los. Ihr Weg führt von ihrem Büro durch ein unspektakuläres Treppenhaus zum Friedrich-Schütter-Platz und dann hinein ins Theater. Ein Weg, der ihrer ist.

Quellen:
Persönliches Gespräch im Januar 2018.
Martina Goy und Bertold Fabricius: Bei sich angekommen. In: Die Welt vom 24.08.2012.
Homepage des Ernst Deutsch Theaters: www.ernst-deutsch-theater.de
Homepage des Kinderhospizes Sternenbrücke: www.sternenbruecke.de

HEIKE HEYMANN-RIENAU

Unternehmerin
18.07.1963

Hamburger Adressen: Hoheluft-West, Lokstedt, Groß Borstel
(Wohnadressen)
Kurt Heymann Buchzentrum GmbH
Verwaltung und Zentrallager: Deepenstöcken 7, 22529 Hamburg
Haupthaus: Eppendorfer Baum 27, 20249 Hamburg

Bücher aus Leidenschaft

Im Erdgeschoss des Heymann-Zentrallagers in Lokstedt fährt ein Mann mit einem Hubwagen Bücherkisten zu einem Transporter und umkurvt dabei geschickt eine lange Reihe blauer Bücherkisten mit den Namen von Hamburger Stadtteilen und umliegenden Städten: Eppendorf, Eimsbüttel, Eidelstedt, Ahrensburg, Buchholz ... 14 Kistenstapel müssen es sein. So viele wie es Heymann-Filialen in Hamburg und Umgebung gibt. Wie unterschiedlich die Kisten gepackt werden, weiß Heike Heymann-Rienau am besten. Gemeinsam mit ihrem zwei Jahre jüngeren Bruder Christian Heymann leitet sie Hamburgs größte Buchhandlung in Privatbesitz in dritter Generation. Heymann setzt auf persönliche Beratung und gut sortierte Stadtteilfilialen. »Wir wollen nah am Kunden sein und merken daher schnell, wenn sich ein Stadtteil verändert. So wissen wir auch, was in welcher Filiale am liebsten gelesen wird. In Eidelstedt zum Beispiel gibt es wieder mehr Familien mit Kindern, deshalb haben wir die Kinder- und Jugendbuchabteilung erweitert, und besonders viele Krimileser gibt es zum Beispiel in Eppendorf. Wichtig ist, dass wir wachbleiben und uns auf Veränderungen einstellen«, sagt Heike Heymann-Rienau und geht die zwei Treppen in ihr Büro hinauf.

Früher wohnte in der zweiten Etage des Zentrallagers der Hausmeister. Als er auszog, zog sie ein – bis dahin hatte sie sich den Schreibtisch mit ihrem Vater im Stammhaus am Eppendorfer Baum geteilt. Zwei Tage

Büro, drei Tage Homeoffice. Wegen der beiden Söhne, aber die sind jetzt erwachsen, studieren und jobben nebenbei im Familienunternehmen. Der Vater hat sich 2001 aus der Geschäftsleitung zurückgezogen. »Mit 63 Jahren hat mein Vater meinem Bruder und mir mitgeteilt, er wird ab sofort Teilzeit arbeiten und mit 65 Jahren aufhören, er habe genug gearbeitet. Hatte er ja auch.«

Als Gerhard Heymann die 1928 gegründete Buchhandlung 1958 von seinem Vater Kurt übernimmt, baut er nach und nach die Firma aus. Und an den Wochenenden baut er weiter: »Mit meinem Großvater mütterlicherseits hatte er ein Trümmer-Grundstück in Lokstedt gekauft und mit meinem Opa in Eigenarbeit ein Haus gebaut. Meine Eltern waren diese Aufbaugeneration: zupackend, fleißig, akkurat. Wir Kinder fanden es spannend, auf einer Baustelle groß zu werden. Es gab einen alten Keller und die Nachbargrundstücke waren verwildert. Dort haben wir unsere Abenteuergeschichten gespielt. Überhaupt wurde viel gelacht und getobt. Mein Bruder und ich hatten viel Freiraum.«

Als kleines Mädchen ist ihr der Mittagsschlaf im Kindergarten ein Graus, zweimal läuft sie weg. Später, als Teenager, hielt der Bruder ihr den Rücken frei. Wenn die Eltern abends aus waren, rief er die Oma über die Gegensprechanlage an: »Heike ist jetzt zu Hause, die liegt schon im Bett.« Dabei ist sie noch unterwegs. Nach dem Abitur und einer Buchhändlerlehre in Süddeutschland lebt sie ein Jahr in New York, arbeitet dort in unterschiedlichen Jobs. Natürlich auch in einer Buchhandlung. Freiheit – die braucht sie. Und: Bücher! »Mit 15 Jahren habe ich samstags bei uns in der Winterhuder Filiale ausgeholfen und Bücher verkauft. Bei uns wurde

»*Frauen wollen oft Harmonie. In der Führung müssen sie es aber auch aushalten, mal nicht gemocht zu werden, weil sie Prozesse umsetzen, die notwendig sind, aber nicht jedem gefallen.*«

immer viel gelesen und vorgelesen. Meine Lieblingsbücher als Kind waren: ›Serafin und seine Wundermaschine‹, ›Wo die wilden Kerle wohnen‹, ›Die Rote Zora‹, ›Gepäckschein 666‹, ›Jim Knopf‹ …«

1986 steigt sie mit in die Firma ein, zwei Jahre später folgt ihr Bruder. Ein gutes Team, auch als Erwachsene. Aus damals vier Buchhandlungen werden mit der Zeit 14 Geschäfte. »Wenn sich die Struktur eines Stadtteils verändert oder wir über Jahre eine Dauerbaustelle vor der Tür haben, wie bei unserer Filiale ›Großer Burstah‹, dann entscheiden wir uns auch mal, eine Filiale zu schließen.« Heike Heymann-Rienau, die in der Firma fürs Personal und damit für rund 200 Menschen zuständig ist, hält den Stürmen stand: Konkurrenz durch Großbuchhandlungen, Amazon, Social Media, E-Books … »Wir denken nicht in Kategorien, wir konzentrieren uns auf uns: Durch das 24-Stunden-Online-Geschäft muss der Kunde einen Mehrwert im Ladengeschäft erfahren, durch persönlichen Kundenservice, Produktvielfalt, Authentizität. Ansonsten hat er keinen Grund, im Retail zu kaufen, und geht online. Unsere Mitarbeiterinnen und Mitarbeiter geben unseren Kunden den Mehrwert und falls dem Kunden einmal die Zeit fehlt, bei uns vorbei-

zuschauen, kann er selbstverständlich auch in unserem Online-Shop einkaufen.« Und Heymann bietet Erlebnisse rund ums Buch, veranstaltet unter anderem ein eigenes Krimifestival, eine Vielzahl von Autorenlesungen, Mitternachtsshopping, Bastel- und Kochnachmittage, kostenlose Bücherpartys bei den Kunden zu Hause und – »da waren wir die Ersten in Deutschland« – das Blind-Date mit einem Buch, für das Bücher in Packpapier eingeschlagen und ihr Inhalt auf dem Papier mit neugierig machenden Schlagwörtern beschrieben wird … Auch für dieses Engagement erhielt das Unternehmen zweimal den »Deutschen Buchhandlungspreis«.

Weil ihr die Arbeit mit Menschen und Büchern Spaß macht, trennt sie nicht zwischen Beruf und Privatleben. Auch als ihre beiden Söhne klein waren, war sie immer erreichbar: »Während ich im Büro saß, ging meine Oma mit dem Kinderwagen in der Nähe spazieren, unser Ältester schlief draußen so gut. Wenn er wach wurde, kam Oma hoch ins Büro und ich habe ihn gestillt.« Bis die Kinder vier und zwei Jahre alt waren, haben ihr Mann und sie sich die Arbeit geteilt, »dann bekam er ein sehr gutes Job-Angebot in Bonn, das er unmöglich ablehnen konnte. Zunächst hat mich meine Mutter unterstützt und dann kam zwei Tage in der Woche eine Kinderfrau zu uns nach Hause.« Fernbeziehung auf Zeit. Trotzdem schickt Heike Heymann-Rienau die Kinder nur von 9 bis 12 Uhr in den Kindergarten, »danach haben wir gespielt

»*Ich tue mich mit dem Wort Work-Life-Balance schwer. Es gibt für mich nicht Work oder Life, beide Aspekte unterstützen sich gegenseitig.*«

und abends, wenn sie im Bett waren, habe ich am Schreibtisch gearbeitet. Manchmal bis nachts um 2 Uhr.« Später dann das Büro im Zentrallager in der ehemaligen Hausmeisterwohnung, wo inzwischen auch Mitarbeiter aus Buchhaltung und PR arbeiten. Heymann-Rienau liebt die Natur und erkundet Orte in aller Welt gerne auf eigene Faust. Selten bereist sie Urlaubsziele zweimal, es gibt so viele schöne Plätze. Aber einmal im Jahr innehalten, Besinnung, Achtsamkeit, bei einer Ayurveda-Kur oder bei Meditationsretreats. Mit Begeisterung liest sie Bücher über Quantenphysik, Philosophisches und Hintergründiges. Zu ihren Lieblingsbüchern gehört »Schiffbruch mit Tiger«.

Sie hat was gegen starre Formen – egal ob im eigenen Denken oder in ihrem Umfeld. »Es gibt tolle Frauenverbände, in die man nur auf Empfehlung eintreten kann. Nach drei Jahren fasste ich den Entschluss, wieder auszutreten, weil es mir zwischen all den Statuten zu eng wurde.« Ecken und Kanten haben – das gesteht sie sich und anderen zu. Auch Patricia Highsmith. Die US-Schriftstellerin ist Mitte der 1990er-Jahre für eine Signierstunde bei Heymann. »Wir hatten mit dem Verlag gesprochen und es hieß, Wasser reicht. Aber ich wusste, sie liebte Whisky, und schenkte ihn ihr in einem Glas ein. Es sah aus wie Apfelsaft. Sie trank – und flüsterte mir zu: ›Good girl!‹.«

Quellen:
Persönliches Gespräch im Januar 2019.
Stephanie Lamprecht: Heike Heymann-Rienau: »Amazon tut nichts für das Gemeinwohl!«. In: Hamburger Morgenpost vom 29.12.2014.
Hanna-Lotte Mikuteit: Die Heymanns – eine Geschichte wie aus dem Buch. In: Hamburger Abendblatt vom 23.06.2018.
Homepage der Heymann-Buchhandlungen: www.heymann-buecher.de

LINDA ZERVAKIS

Nachrichtensprecherin und Moderatorin
*1975

Hamburger Adresse: Hugh-Greene-Weg 1 (NDR)
In Hamburg seit 1975

Nicht immer nur gute Nachrichten

Sie ist pünktlich wie die »Tagesschau«. Kettet ihr Fahrrad vor dem Café auf dem Gehsteig an. Lächelt zur Begrüßung. Und trägt es mit Fassung, dass drinnen die Kaffeemaschine kaputt ist. Bestellt sie eben Kakao. Völlig unprätentiös. So wie sie in der NDR-Talkshow auch mal Ouzo testet. In der »Sesamstraße« Elmo das Wort »Nachrichten« erklärt. Oder in ihrem Buch »Königin der bunten Tüten« sehr unterhaltsam über ihre nicht immer lustige Kindheit und Jugend in einer Hochhaussiedlung in Hamburg-Harburg schreibt. Von Mama Chrissoula, die für Ado Gardinen schwärmt und in der Fabrik schuftet. Von Papa Christos, der von einem besseren Leben träumt, wunderbar kochen kann und viel zu früh stirbt. Und von ihren Brüdern, der eine acht Jahre älter, der andere vier Jahre jünger als sie. »Das Buch ist nicht 100 Prozent biografisch. 70 Prozent stimmen«, sagt Linda Zervakis und trinkt einen Schluck heißen Kakao. »Ich war das Hochhauskind. Meine Eltern gingen als klassische Gastarbeiter nach Deutschland, über Umwege nach Hamburg. Meine Brüder und ich kamen in Deutschland zur Welt.«

Dreizimmerwohnung. Die Eltern in der Fabrik. Nie Zeit. Nie Geld. Nie Platz. Aber eine gute Tagesmutter. Und Eltern, die ihre Kinder lieben und ihnen sagen, wie wichtig es ist, sich an Regeln zu halten: »Sie wussten, dass wir fremd sind, wollten nicht auffallen und haben immer gesagt, wir sollen gut in der Schule sein.« – Und das ist Linda. Als ihr Vater seine Stelle in der Fabrik ver-

liert und sich die Eltern mit einem Kiosk selbstständig machen, ist sie mit neun Jahren schon fast auf dem Gymnasium, da sie die dritte Klasse übersprungen hat. Keine einfache Zeit. Denn hinter der Hochhaussiedlung beginnen die Villen der Reichen. Und deren Kinder gehen auch in Lindas Klasse: »Die anderen trugen Markenklamotten, die Mädchen schminkten sich. Ich war noch in meinen billigen Latzhosen.« Richtig gemobbt wird sie nie, schon gar nicht wegen ihrer Herkunft. Außerdem hat sie sowieso bald andere Sorgen. Als sie 14 ist, stirbt ihr Vater. Ganz plötzlich. An Krebs. »Von da an war ich erwachsen. Und habe einfach funktioniert.«

Zum Schmerz kommt die Erkenntnis: »Wenn wir jetzt nicht zusammenhalten, dann war es das für uns. Meine Mutter hatte ja keine Ausbildung. Hatte sich selber Lesen und Schreiben beigebracht. Deutschkurse für Migranten haben in den Fabriken damals nicht stattgefunden.« Also arbeitet Linda neben der Schule im Kiosk. Von morgens 6 Uhr bis abends 21 Uhr ist er geöffnet. »Die anderen haben Geburtstage gefeiert, gingen auf Partys, hatten Hobbys. Ich nicht.« Nach dem Abitur 1994 verzichtet sie auf einen Studienplatz in Berlin: »Ich

»Der Tod von Papa war jetzt schon vier Jahre her, so lange pendelte ich jetzt schon zwischen Kiosk und Klassenzimmer. Mein Lächeln war in dieser Zeit meist aufgesetzt. Schlafmangel und schlechte Noten versauten mir die letzten Züge der Pubertät.«

hätte es nicht übers Herz gebracht, aus Hamburg wegzuziehen, denn ich wusste ja, dass meine Mutter mich braucht.« Noch mit 28 Jahren hilft sie im Kiosk aus. Dabei hat sie Harburg zu dem Zeitpunkt längst verlassen. Ohne Groll. Ohne vergessen zu wollen. Gestärkt mit dem Wissen, dass man alles schaffen kann, wenn man nur will: ein Praktikum in einer Werbeagentur, wo sie als Texterin anfängt, den Wechsel in den Journalismus, Volontariat, Redakteursstellen und 2001 zum NDR. Zuerst als Hörfunk-Sprecherin, später vor der Kamera, unter anderem für das »Schleswig-Holstein-Magazin«. 2006 die erste »Tagesschau«-Moderation auf »tagesschau24« und Anfang 2009 eine Vertretung im »Nachtmagazin«. Im Jahr darauf wird sie Sprecherin der »Tagesschau« und 2013 der 20-Uhr-Nachrichten. Die erste mit Migrationshintergrund.

Um heute Familie und Beruf unter einen Hut zu bekommen, war der Kiosk die beste Schule: »Ich kann auch mit wenig Schlaf auskommen«, sagt sie und findet es völlig normal, dass heute meistens beide Elternteile arbeiten müssen, um als Familie über die Runden zu kommen: »Das war bei uns schon früher gang und gäbe. Heute mache ich es ähnlich und kenne es nicht anders. Meine Kinder sind vier und sieben – und ich könnte mir absolut nicht vorstellen, zu Hause zu bleiben, allerdings auch nicht, meine Kinder rund um die Uhr fremdbetreuen zu lassen.« Also geht sie jeweils nach knapp einem halben Jahr wieder zurück in den Job. Ihr Mann, ein NDR-Redakteur, nimmt Elternzeit. Danach bedeutet Familie Teamarbeit: »Bei Frühschicht klingelt mein Wecker um 3.30 Uhr. Dann bereite ich die Schulranzen vor, lege die Anziehsachen raus und schreibe Post-it-Zettel: ›Heu-

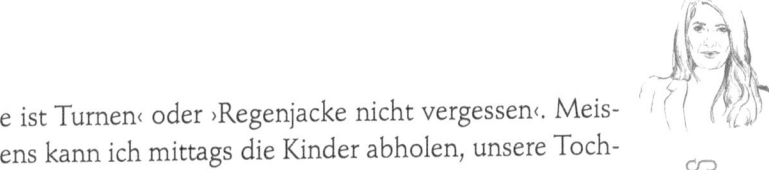

te ist Turnen‹ oder ›Regenjacke nicht vergessen‹. Meistens kann ich mittags die Kinder abholen, unsere Tochter aus der Kita, unseren Sohn aus der Grundschule. Mit einem Nine-to-five-Job wäre das schwierig.«

Vielleicht war es gut, so ein ganz anderes Leben gelebt zu haben. Früher. In Harburg. Ohne dieses typisch deutsche Mutterbild. »Wenn früher eine Frau nicht gearbeitet hat, war allen klar, dass sie einen Mann mit Geld hat. Nicht zu arbeiten war auch ein gewisses Statussymbol.« Richtig geändert habe sich das bis heute nicht: »Es gibt immer noch viele Frauen, denen schon im Kindesalter gesagt wird, sieh zu, dass du gut aussiehst und einen Mann mit Geld bekommst.« Jeder nach seiner Fasson, findet Linda, die Basteln hasst, keine Barbies mag, als Kind am liebsten Gummi-Twist spielte und es schlimm findet, wie gestresst und von Hobbys durchgetaktet viele Kinder heute sind. Linda, die auf die Frage nach einer guten Nachricht aus der »Tagesschau« kei-

»Ich empfinde die Taktung hier als extrem eng: Man soll dringend Kinder kriegen, danach aber sofort wieder arbeiten, und sobald du einmal wieder dabei bist, wäre es schön, wenn keiner merkt, dass du überhaupt ein Kind hast. Es ist dein Problem, wie du das organisierst oder dass du ein schlechtes Gewissen hast, weil das Kind schon wieder bei der Oma bleiben muss.«

ne Antwort findet, weil es schlimme Meldungen sind, die überwiegen, »aber wenn irgendwann die Meldung käme, wir haben die Erderwärmung begrenzt, dann würde ich feiern«. Linda, die die Fahrt von Harburg nach Hamburg bis heute liebt. Mit der S-Bahn über die Elbbrücken – »der Hafen, die Kräne. Ein Blick, den es nur in Hamburg gibt«. Und Linda, die gerührt ist, wenn sie sieht, wie ihre Mutter ihre Enkel genießt, »und dabei oft wehmütig wird, weil ihr klar wird, dass sie das, was sie mit meinen Kindern erlebt, mit uns verpasst hat«.

Wie stolz ihre Mutter auf sie ist, spricht sie gerne aus. Worüber die beiden nicht sprechen, ist die Sache mit dem Aussehen: „Ich sah damals einfach nicht gut aus. Dicke Brille, Potthaarschnitt, beschissene Klamotten. Augenbrauen zupfen, schminken – für meine Mutter waren das Tabus. Aber mit 17 entdeckte ich Kontaktlinsen. Außerdem eröffnete ›H&M‹ und es gab bezahlbare Klamotten. Und ich hab mir einen Termin zum Augenbrauenzupfen geben lassen. Auf einmal hatte ich ein Gesicht ...« – Ein Gesicht, das heute jeder kennt.

Quellen:
Persönliches Gespräch im November 2018.
Anke Helle: »Ich weiß, wo ich herkomme«. Interview mit Linda Zervakis. In: Stern Nido, November 2013.
Homepage von Linda Zervakis: www.lindazervakis.de
Linda Zervakis: Königin der bunten Tüten – Geschichten aus dem Kiosk. Reinbek bei Hamburg 2015.

JULIA WÖHLKE

Unternehmerin
07.07.1980

Hamburger Adresse: Wandsbeker Königstraße 62 (Budni-Zentrale)
In Hamburg seit 1980

Mit Tradition und Familiensinn

Für die Hamburger gehört die Drogeriemarktkette Budnikowsky zu ihrer Stadt wie der Michel, die Elbe und zimtige Franzbrötchen. Und für Julia Wöhlke ist Budnikowsky Teil ihrer Familie – wie Mann und Kind, wie Vater Cord, Mutter Gabriele und die Brüder Christoph und Nicolas. »Klar, so ein Familienunternehmen ist automatisch präsent und gehört einfach dazu. Auch früher, als wir Kinder waren«, sagt die zierliche Frau mit den kurzen dunklen Haaren und den wachen Augen. Sie sitzt am Konferenztisch in der ersten Etage der Firmenzentrale in Wandsbek. Ein großes Gebäude. In zweiter Reihe gebaut an der Wandsbeker Königstraße 62. Vor der Tür die Figur des Hamburger Wasserträgers. »Mein Vater hatte den Gesamtfokus aufs Unternehmen und meine Mutter kümmerte sich um uns als Familie und hielt ihm den Rücken frei. Als Kind hat man viel mitbekommen über die Firma. Wir waren auch regelmäßig hier in der Zentrale.«

Julia Wöhlke wächst in Hamburg-Marmstorf im Bezirk Harburg auf. Wenig Luxus. Viel Tradition. Denn Harburg ist der Ort, an dem 1912 der damals 23-jährige Iwan Budnikowsky, ihr Urgroßvater, mit seinem ersten Seifen-Geschäft den Grundstein legte. Sein Ziel: Auch Menschen mit geringem Einkommen sollten Zugang zu Hygieneartikeln haben. Waschpulver und Seife für Hausmädchen und Hafenarbeiter. Eine Geschäftsidee, die zu einem Lebensgefühl werden soll: Budni! So nennen die

Hamburger die Drogeriemärkte, die in keinem Stadtteil fehlen. Eine Geschäftsidee, die unter dem Motto »Jeden Tag Gutes tun!« auf unternehmerische Verantwortung setzt. Nach innen und nach außen. In einer dieser Filialen steht Julia Wöhlke mit zwölf Jahren das erste Mal und bessert sich mit kleinen Jobs ihr Taschengeld auf. Die Eltern möchten, dass die Kinder bodenständig und bescheiden bleiben. »Ich war das Sandwichkind zwischen meinem drei Jahre älteren Bruder Christoph und meinem fünf Jahre jüngeren Brüder Nicolas. Werte wie Verantwortung und Disziplin waren meinen Eltern wichtig, aber auch Selbstständigkeit: Ich war damals eine der Ersten in der Grundschule, die ganz alleine mit dem Bus zum Ballett fuhren. In der zweiten oder dritten Klasse.«

Später geht sie im benachbarten Hamburg-Heimfeld aufs Gymnasium. Liebt Tanz, Geigenspiel – »zum Ärger aller anderen Familienmitglieder« – und Klavierspiel. An den Sonntagen gehen die Wöhlkes in die Kirche. Und es gibt Familienfrühstück. Dann im Esszimmer statt in der Küche. Und immer mit frischen Brötchen. Mit 20 Jahren zieht Julia Wöhlke aus. Geht für drei Monate nach Kuba, lebt in ärmlichen Verhältnissen und lernt vieles neu zu schätzen. Beruflich sieht sie ihren Weg in Richtung Kultur. Doch als es mit einem Studienplatz für

»Wichtig ist, dass man eigene Erfahrung und Gestandenheit mitbringt und nicht zum ersten Mal vor Mitarbeitern steht und die dann sagen: ›Ach ja, das ist die Tochter vom Chef.‹«

»Es wäre nicht mein Lebensmodell, dass ein Partner ganz zu Hause bleibt und sich um die Kinder kümmert. Ich finde es für eine Beziehung wichtig, dass beide auch noch etwas anderes haben als ausschließlich das gemeinsame Kind, auch wenn das natürlich immer das Wichtigste ist.«

Angewandte Kulturwissenschaft in Lüneburg nicht gleich klappt, beginnt sie in Hamburg BWL zu studieren. Auch da kommt ihr nie der Gedanke, bei Budni einzusteigen. Nach dem Studium fängt sie beim Personaldienstleister Randstad an. Arbeitet zuerst im Vertrieb, übernimmt dann eine Niederlassung in Lüneburg – »eine gewerblich geprägte Filiale, in der es sehr bodenständig zuging. Der Filiale ging es nicht gut und für mich hieß es ›hop oder top‹. Am Ende habe ich es geschafft und dabei viel verändert, aber es war eine harte Schule.«

Genau in der Phase, Julia Wöhlke ist 27 Jahre alt, fragt ihr Bruder Christoph sie, ob sie sich vorstellen kann, mit in die Firma einzusteigen. »Es war die Phase 2008/09, als ›dm‹ nach Hamburg kam.« Für Budni bedeutet das nicht nur einen starken Konkurrenten, sondern auch kurz darauf den Wegfall einer Kooperation, die bis dahin erlaubte, die Eigenmarken von »dm« zu verkaufen. »Wir mussten zusehen, dass wir den Hamburger Markt, der zu dem Zeitpunkt unser einziges Feld war, nicht verlieren, sind deshalb stark in die Expansion gegangen und haben rund zehn neue Filialen im Jahr eröffnet. So sind innerhalb von zehn Jahren aus knapp 80 Geschäften insgesamt 185 geworden.« Inzwischen gibt es auch Filialen in Berlin, neben Hamburg der Budni-Markt der Zukunft.

Aus dem treuen Dampfer Budni wird ein riesiges Schiff mit knapp 2000 Mitarbeitern, für die Julia Wöhlke zuerst die Personalleitung und dann gemeinsam mit Vater und Bruder die Geschäftsführung übernimmt. »Ein guter Einstiegszeitpunkt, weil wir sowieso vor vielen Veränderungen standen und die Mitarbeiter, die wir bislang immer von innen heraus über Ausbildung rekrutiert haben, nicht mehr reichten. Wir mussten uns also neu aufstellen. Für mich war es wichtig, vorher Erfahrung gesammelt zu haben, direkt nach dem Studium hätte ich so eine Aufgabe nicht lösen wollen.« Julia Wöhlke bringt ihre Job-Erfahrung mit ein. Und noch eine Erfahrung: die als Mutter. »Natürlich prägt man ein Unternehmen, wenn man von sich aus sagt, dass es keine Termine nach 17 Uhr geben soll. Um diese Zeit möchte ich zu Hause sein. Außerdem ist mir bewusst, dass wir im Einzelhandel von Müttern profitieren, weil wir einen Großteil der Stellen nur in Teilzeit anbieten können. Das Thema gehen wir gezielt an, denn wir sind zu fast 90 Prozent weiblich, inzwischen auch immer mehr in Führungspositionen.«

Typisch Budni. Genau wie Energiesparmaßnahmen in den Filialen, Wickeltische mit Gratis-Windeln, das Bekenntnis zu »Buy Local«, Willkommenspakete für Babys, ein eigener Kundenbeirat und viele Aktionen, die unter anderem der Budnianer Hilfe zugutekommen. Mitarbeiter waren es, die den Verein 1997 gegründet haben, um vor allem Kindern und Jugendlichen zu helfen.

*»Wir sind sehr familienorientiert,
auch im Unternehmen.«*

Bis heute hat jede Filiale ein eigenes Hilfsprojekt. Julia Wöhlke ist als Nachfolgerin ihrer Mutter inzwischen auch Vorsitzende der Budnianer Hilfe und sieht, wo in der Stadt Kinder besonders in Not sind: »Vielen fehlt es an dem, was für uns selbstverständlich ist – Kindergeburtstage zu feiern, Geschenke zu bekommen, jeden Tag ein warmes Mittagessen zu haben. Welche Schicksale dahinterstehen, ist erschreckend.« Genau wie ein jährlicher Budnianer Hilfe-Termin auf der Kinderkrebsstation im Universitätsklinikum Eppendorf (UKE) – »wenn man das sieht und selbst ein Kind hat, können einem danach schon mal die Tränen kommen«.

Julia Wöhlke, die ihre eigene kleine Familie strikt aus der Öffentlichkeit heraushält, fühlt sich durch Budni mittendrin. Im Job. Und im Leben. Und sie ist froh, heute ein Teil dieser Familientradition zu sein: »Ich hätte auch ohne Budni glücklich werden können. Aber so war es der bessere Weg.«

Quellen:
Persönliches Gespräch im Januar 2019.
Homepage des Unternehmens: www.budni.de
Homepage des Budnianer-Hilfevereins: www.budnianer-hilfe.de
Miriam Opresnik: Julia Wöhlke – Die Frau hinter Budnikowsky. In: Hamburger Abendblatt vom 11.11.2017.

NICOLE LANGOSCH

Kapitänin
27.06.1983

Hamburger Adresse: Winterhude
In Hamburg seit 2012

Heimathafen Hamburg

»Ich war überrascht, dass ich die erste deutsche Frau bin, die Kapitän auf einem Kreuzfahrtschiff ist«, sagt Nicole Langosch und schaut aufs Wasser. Ausnahmsweise mal nicht vom Schiff auf den Ozean, sondern vom Café des Hotels »Royal Meridian« in der neunten Etage auf die Außenalster. Kleine Segelboote schaukeln im Wasser. So fing auch bei ihr alles an: »Ich bin als Kind mit meinen Eltern und meiner jüngeren Schwester gesegelt, auf einem kleinen Boot. Zuerst im Mittelmeer, später in der Ostsee. Mit den Jahren habe ich alle Segelscheine und Bootsführerscheine gemacht. Außerdem sind wir häufig mit der Fähre in den Urlaub gefahren. Aber eine Kreuzfahrt haben wir nie gemacht.« Und da Nicole Langosch in einer hessischen Kleinstadt aufwächst, liegt auch die nächste glitzernde Wasseroberfläche weit entfernt. Umso überraschter sind die Reaktionen einiger Freunde, als sich Nicole nach dem Abitur entschließt, im ostfriesischen Leer Nautik zu studieren. Weil es sie einfach schon immer interessiert hat.

Noch bevor sie an der Uni ihre erste Vorlesung besucht, geht es für das Praxissemester sechs Monate lang auf See. Ohne Urlaub. Ohne Pause. Mit einem Containerschiff von Genua übers Mittelmeer und den Atlantik nach Kolumbien und dann weiter durch den Panamakanal und die amerikanische Westküste hoch bis Vancouver und zurück über Portland, Oakland, San Francisco, Mexiko, wieder durch den Panamakanal nach

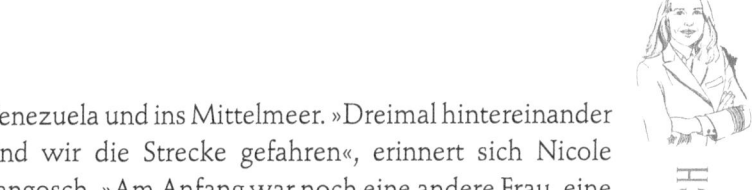

Venezuela und ins Mittelmeer. »Dreimal hintereinander sind wir die Strecke gefahren«, erinnert sich Nicole Langosch. »Am Anfang war noch eine andere Frau, eine deutsche Offizierin, an Bord, daher kannte das die Besatzung schon. Und ich lernte in der Zeit alles kennen, was zum Schiffsleben gehört – vom Deckschrubben bis hin zu kleineren Reparaturarbeiten.«

Dann das Theoriestudium. Von den insgesamt 20 Studierenden ihres Jahrgangs sind mit ihr fünf Frauen. Die meisten von ihnen arbeiten inzwischen bei Behörden, in Verkehrsleitzentralen oder Reedereien. Doch Nicole fährt weiter zur See und wird nach fünf Jahren als stellvertretender Kapitän Anfang 2018 Kapitän der »AIDA Sol«, eines 253 Meter langen Kreuzfahrtschiffs. Wie eine Kleinstadt auf dem Meer. Mit 630 Crew-Mitgliedern und 2400 Gästen an Bord. »Ich habe das Schiff auf den Kanaren übernommen. Dann ging es nach Nordeuropa bis Norwegen und im Oktober wieder hinunter ins Mittelmeer.« Dass sie als Frau in dieser Situation so in den Mittelpunkt rückt, findet sie eher überraschend. Denn eigentlich fühlt er sich so normal an, dieser Job. Und eigentlich ist Nicole Langosch eine ganz normale junge Frau. Mit einem sympathischen Lachen, wachen Augen und viel Begeisterung in der Stimme. So ein Tagesablauf an Bord unterscheide sich, ob es ein Seetag

»*Dass es Kapitäninnen gibt, wusste ich ja, aber dass tatsächlich noch nie eine deutsche Frau auf einem Kreuzfahrtschiff Kapitän war, das war mir tatsächlich neu.*«

»Wenn ich durch einen öffentlichen Bereich des Schiffes gehe, ist mir klar, dass ich dann auch jederzeit für die Gäste und für die Crew ansprechbar sein muss.«

oder ein Hafentag sei, erzählt sie. »Der Hafentag beginnt morgens meistens recht früh, weil dann schon die Ansteuerung auf den Hafen beginnt. Dann kommt der Lotse an Bord und je höher und konzentrierter gearbeitet wird, mit desto mehr Personal wird die Brücke besetzt. Ich stehe um halb sechs auf, bin um kurz vor sechs auf der Brücke, dann kommt der Lotse um halb sieben, vorher gibt es ein Briefing und die Positionen werden eingeteilt. Das An- und Ablegemanöver macht entweder der Kapitän oder sein Stellvertreter.«

Brenzlige Situationen gab es bislang nie. »Aber ich hatte direkt in meinen ersten Wochen auf den Kanaren eine Situation, da war der Wind so stark und aus einer ungünstigen Richtung, dass ich nicht in den Hafen von Santa Cruz einlaufen konnte. Ich habe mich wegen des Windes dagegen entschieden und es den Gästen erklärt.« 24 Stunden lang ist sie im Einsatz. Um im Notfall schnell auf der Brücke sein zu können, liegt ihre Kabine unmittelbar dahinter auf Deck 11: »Ich habe ein integriertes Büro, ein kleines Wohnzimmer und ein Schlafzimmer, das direkt mit einem Zwischengang mit der Brücke verbunden ist. Falls nachts wirklich mal etwas passiert, bin ich auf direktem Wege da.«

Nach drei Monaten auf See stehen drei freie Monate an, unterbrochen von einer Woche Fortbildung. Als

Heimathafen sucht sich Nicole Langosch 2012 Hamburg aus – »weil ich hier sesshaft werden will und in Hamburg die maritime Branche vertreten ist, wenn ich mal nicht mehr auf dem Schiff arbeiten möchte. Außerdem sind viele Freunde aus dem Studium hier und der Flughafen ist gut erreichbar.« Die Stadt sei international, der Freizeitwert hoch: »Ich wohne in Winterhude und kann nachmittags mal eben um die Außenalster joggen, bin schnell im Stadtpark, liebe Musik, Kultur, Theater, Konzerte ...« Neuerdings habe sie sogar wieder das Saxophonspielen begonnen, allerdings nur als Saisonhobby: »An Bord komme ich nicht zum Üben, da geniere ich mich auch. Überhaupt brauche ich an Land einen anderen Ausgleich, liebe Fernreisen, aber auch Skifahren und Bergsteigen in Österreich. Richtig entspannen kann ich mit Blick auf ein Bergpanorama besser als beim Blick aufs offene Meer.«

Überhaupt sei es wichtig, an Land ein richtiges Leben zu haben und nicht ganz mit dem Schiff zu verschmelzen, wie es einige ihrer Kollegen tun: »Viele haben keine soziale Anbindung mehr und leben nur noch in ihrer Schiffswelt. Ich hab Gleichaltrige kennengelernt, die sagen, an meinen Geburtstagen und an Weihnachten bin ich lieber an Bord.« Die Zeit als Frau Kapitän sieht Ni-

»Besonders mag ich die Routen durch die Ägäis, entlang der griechischen Inseln. Und ein besonderes Erlebnis ist es auch immer wieder, mit dem Schiff in New York einzulaufen. Das ist schon etwas Besonderes.«

»Um mich herum werden Familien gegründet. Und ich habe bisher immer den Fokus auf meinen Beruf gehabt. Deswegen stelle ich mir schon die Frage, wann der Zeitpunkt kommt, an Land zu wechseln.«

cole Langosch eher als Phase und überlegt schon jetzt, was danach kommt. Im Privatleben hat sie bereits zu spüren bekommen, dass sich die vielen Wochen auf See schlecht mit einer Beziehung vereinbaren lassen: »Um in dieser Position zu sein, habe ich in Kauf genommen, dass Beziehung und Kinder nach hinten rücken. Ich habe immer weibliche Kolleginnen gehabt, aber die sind alle nicht so lange dabeigeblieben. Und Kapitän ist eben eine Position, die Berufserfahrung braucht. Ich habe noch keine Nautikerin kennengelernt, die, nachdem sie Kinder gekriegt hat, wieder in den Beruf eingestiegen ist.«

Auch wenn es Partnern und Kindern auf ihrem Schiff erlaubt ist, einige Wochen im Jahr mit an Bord zu sein – für Nicole Langosch wäre es keine Option: »Wenn ich Mann und Kind habe, möchte ich an Land arbeiten. Möglichkeiten gibt es viele, von Klassifikationsgesellschaften bis zur Reederei.« Wichtig sei es, den Absprung früh genug zu schaffen. Bis dahin schaut sie aufs Wasser. Mal auf das der Meere. Und mal auf die glitzernde Oberfläche der Außenalster.

Quellen:
Persönliches Gespräch im Januar 2019.
Andreas Graf: Frau Kapitän und ihre Kreuzfahrtcrew. In: hessenreporter vom 22.07.2018.

SUSI KENTIKIAN

Boxsportlerin
11.09.1987

Hamburger Adressen: zuerst auf der Bibby Altona, einem
Wohnschiff für Asylbewerber, später in einem Asylbewerberheim
in Langenhorn, heute lebt sie im Bezirk Wandsbek
In Hamburg seit 1996

Ins Leben geboxt

Sie steht vor dem Kaispeicher B in der Hafencity. Klein, zierlich. Mit langen dunklen Haaren. Winzigen Händen. Und perfekt manikürten Fingernägeln. Rasch zückt sie noch mal ihr Handy und filmt einen Schwenk hinüber zur Norderelbe. Schiffe, Menschen, moderne Architektur und überall das glitzernde Wasser. »Für Instagram«, sagt sie und steckt das Handy weg. Wer auf sozialen Medien wie sie mehr als 24.000 Follower hat, muss am Ball bleiben. Auf den Bildern im Netz sieht man sie dann in sexy Pose. Aber nie zu sexy. Sieht sie privat. Aber nie zu privat. Professionell. Und sehr überlegt. Das sei nicht immer so gewesen, erzählt sie: »Es gab immer die Gefahr abzurutschen. Du musstest immer abliefern, in der Branche on top sein.« Da habe es früher häufig mal falsche Entscheidungen für TV-Auftritte gegeben oder sie habe Geld für schlechte Ratgeber bezahlt. Aber, wen wundert das schon – immerhin war Susi gerade mal 16 Jahre alt, als ihre Profikarriere begann. Als das Fliegengewicht im Ring. Als die schnellste Boxerin aller Zeiten.

Durchgeboxt hat sie sich schon früh. Denn hier am Hafen fing die Geschichte an. Nicht in der noblen Hafencity, die es damals noch gar nicht gab. Sondern drüben in Neumühlen. Auf der »Bibby Altona«. Was so possierlich klingt, ist ein vierstöckiges gechartertes Asyl-Schiff, das der Stadt Hamburg als Erstaufnahmelager für Flüchtlinge diente. Mehr als zehn Jahre liegt es in Neumühlen. Erst 2006 gehen die letzten Geflüchteten von

Bord und das Schiff geht zurück an die Reederei. Als Susi Kentikian die »Bibby Altona« 1996 betritt, liegt hinter ihr bereits eine kleine Odyssee, nachdem sie im Alter von fünf Jahren ihre Heimat Armenien zusammen mit ihren Eltern und ihrem vier Jahre älteren Bruder verlassen musste. Ihrem Vater drohte damals die Einberufung zum Militärdienst im umkämpften Bergkarabach: »An die Flucht kann ich mich nicht mehr erinnern. Mit vier waren wir zuerst in einem Wohnheim in Berlin, haben uns dann aber entschieden, nach Moldawien zu reisen. Wegen Mama. Wegen ihrer Erkrankung.« Susi Kentikian schaut aufs Wasser. Viel mehr möchte sie über die Erkrankung nicht erzählen, nur dass ihre Mutter »eben sehr unter dieser Flucht gelitten hat und auch zuvor in Armenien kein schönes Leben hatte. Aber in Moldawien ging es ihr noch schlechter. Mein Bruder und ich waren ja klein, konnten nur zusehen, wie sie litt.«

Die Mutter wird zur Richtschnur in Susis Leben. Läuft ihr eigenes Leben gut, lernt auch die Mutter wieder zu lächeln. So ist es bis heute. »Wir sind damals wieder zurück nach Deutschland. Auf die ›Bibby Altona‹. Eine Art Container, in dem ganz viele Nationalitäten lebten. Ich sprach kein Deutsch, konnte mit niemandem kommunizieren. Außerdem war es ja unser zweiter Asylantrag. Wären wir das erste Mal gleich in Deutschland geblieben, hätten wir die Probleme nicht gehabt. Doch so wurde es zum Teufelskreis.« Ohne Bleiberecht keine Arbeit. Ohne Arbeit kein Bleiberecht. Der Kampf

»Mir war klar, dass ich mich anpassen und die deutsche Sprache lernen muss.«

»Unser Bleiberecht hing davon ab, dass wir nicht mehr abhängig sind vom Staat und selber unser Geld verdienen.«

gegen die Abschiebung währt über Jahre: »Von der ›Bibby Altona‹ kamen wir in ein Wohnheim nach Langenhorn. Eine ehemalige Schule. Dort hatten wir einen Raum, der früher ein Klassenraum war. 20 Quadratmeter. Zwei Schränke, vier Stühle, ein Tisch. Da haben wir zu viert acht Jahre lang gelebt.« Wie sich das anfühlt, seine Kindheit und Jugend im Wohnheim zu verbringen? Susi denkt nach: »Als Kind denkt man, das geht jetzt mein Leben lang so weiter, ich komme hier nicht mehr raus. Es wird zur Gewohnheit. Wir waren viel draußen. Mit Freunden unterwegs. Ich konnte ja niemanden mit zu uns nach Hause nehmen.« Und sie lernt Deutsch, spricht heute ohne Akzent. Das sei so wichtig, sagt sie, ohne das könne man sich nicht integrieren.

Irgendwann fragt ihr Bruder sie, ob sie Lust habe, mit ihm zum Boxtraining zu kommen: »Ich hatte damals noch Karate gemacht, aber beim Karate darf man immer nur antäuschen – und ich wollte es authentisch mit meinem ganzen Körper spüren. Das Boxtraining war für mich Arbeit, weil ich wusste, es ist meine Bestimmung.« Und der Weg aus dem Elend. Denn während ihr Vater vier Minijobs und ihr Bruder drei Minijobs haben, geht Susi neben der Schule, die sie mit dem Realschulabschluss beendet, noch im Fitnessstudio putzen. Doch dann wird aus dem Boxen, ihrer Bestimmung, auch im fast wörtlichen Sinne der Befreiungsschlag. Mit 16 Jahren unterschreibt Susi ihren ersten Profivertrag. Sie wird die »Killer Queen«. Und der gleichnamige Song ihre Einmarschhymne. Sieg folgt auf Sieg: Von 2007 bis 2012 hält sie den Titel Weltmeisterin im Fliegengewicht. 2007 wird sie Hamburgs Sportlerin des Jahres, ein Jahr drauf Deutschlands Boxerin des Jahres. Als Weltmeisterin bekommt sie für manche Kämpfe sechsstellige Summen. Das sei alles so unwirklich gewesen, sagt sie heute. Und doch war es im Wortsinn ein Befreiungsschlag: »Ich hab damals für meine Familie eine Wohnung gekauft und das Geld in Immobilien investiert, auch wenn einige meiner damaligen Berater anderer Meinung waren. Und als wir dann umgezogen sind, in den Osten von Hamburg, waren wir auf einmal ganz weit weg von allem, was davor war. Ein unbeschreibliches Gefühl. Manchmal hatte ich schon nicht mehr daran geglaubt, dass wir da rauskommen.«

Mit Susis Profivertrag ist mit einmal auch das Bleiberecht sicher. Vater und Bruder bekommen feste Arbeitsverträge. Und die Mutter? Susis braune Augen strahlen: »In den letzten Jahren ist sie wie eine Blüte aufgeblüht. Ihre Seele heilt. Ich möchte, dass es noch besser wird. Sie hat es verdient.« Als Susi 2007 bei der RTL-Show »Let's Dance« teilnahm, sagte sie mehrfach, sie tanze für ihre Mutter – »nicht weil sie schwer krank ist, sondern weil sie damals in Armenien von einer Karriere als Tänzerin träumte und durch die Flucht all ihre Pläne hinter sich gelassen hat.« Heute sitzen Mutter und

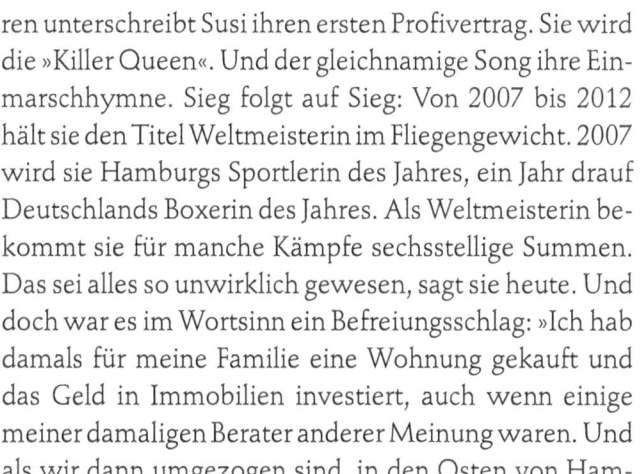

»*Jede Schwäche, die man wahrnimmt, kann einen zum Sieg bringen.*«

»Egal, an was du glaubst, wenn du wirklich feste daran glaubst, geschieht es irgendwann.«

Tochter gerne zusammen an der Alster. Die Boxkarriere liegt nach zehn Jahren im Ring hinter Susi. Heute gibt sie Box-Workshops und hält Vorträge, mit denen sie andere motiviert: »Wenn ich schon diese Geschichte habe, mit der ich Menschen berühren und motivieren kann, will ich das auch weitergeben, denn man braucht Mut im Leben.«

Quellen:
Persönliches Gespräch im Dezember 2018.
Homepage von Susi Kentikian: www.kentikian.com
Anne-Dore Krohn: Durchgeboxt. In: Die Zeit vom 15.02.2007.
Kilian Trotier und Sarah Levy: »Es gab viele, die mich abziehen wollten«. In: Die Zeit vom 02.10.2015.

Bibliografische Informationen der Deutschen Bibliothek
Die Deutsche Bibliothek verzeichnet diese Publikation in der
Deutschen Nationalbibliografie; detaillierte bibliografische Daten
sind im Internet über http://dnb.d-nb.de abrufbar.

© 2019 Droste Verlag GmbH, Düsseldorf
Umschlaggestaltung: Katja Holst, Frankfurt, unter Verwendung
von Illustrationen von Sandra Kamperdicks, Düsseldorf
Illustrationen: Sandra Kamperdicks, Düsseldorf
Druck und Bindung: GGP Media GmbH, Pößneck
ISBN 978-3-7700-2141-3
www.drosteverlag.de

Sollten in der Redaktion oder im Literatur- und Quellenverzeichnis Fehler
unterlaufen sein, durch die Rechte Dritter verletzt werden, bitten wir,
dies zu entschuldigen. Hinweise und Änderungen nehmen wir gern entgegen.